产业与科技史研究

第九辑

武 力 主编

科学出版社
北 京

内 容 简 介

本书收入产业与科技史研究相关的大会发言、专题论文、书评等共10篇。内容涉及《中国工业史》首批7卷出版发布会上的相关发言、以“武锡区”模范电力灌溉为例的中国早期农业电气化研究、1923—1937年和丰纱厂的困境与重生、中国从联邦德国引进电离室的案例研究、中国科学技术史学科发展的思考、1949—2021年中国共产党对大国工业空间布局的认识与实践、1945—2000年中日产业技术政策比较、中国第一台喷漆机器人研制始末，以及对《强国根基：对当代新兴大国产业转型的再认识》一书的评价等。这些文章从不同角度对产业与科技史相关问题进行了研究，资料丰富，论理有据，颇具参考价值。

本书适于对中国近现代史、经济史、产业史和科技史感兴趣的读者阅读。

图书在版编目（CIP）数据

产业与科技史研究. 第九辑 / 武力主编. —北京：科学出版社，2021.12
ISBN 978-7-03-071239-4

Ⅰ. ①产… Ⅱ. ①武… Ⅲ. ①企业史-技术史-研究-中国 Ⅳ. ①F279.29

中国版本图书馆CIP数据核字（2021）第268361号

责任编辑：李春伶 李秉乾 / 责任校对：张亚丹
责任印制：张 伟 / 封面设计：黄华斌

科学出版社出版
北京东黄城根北街16号
邮政编码：100717
http: //www. sciencep. com

北京虎彩文化传播有限公司印刷

科学出版社发行 各地新华书店经销

*

2021年12月第 一 版 开本：889×1194 1/16
2021年12月第一次印刷 印张：7 3/4
字数：200 000

定价：88.00元

目　录

在“庆祝中国共产党成立100周年座谈会暨《中国工业史》首批7卷出版发布会”上的发言

李毅中

尊敬的顾秀莲副委员长，林宗棠、何光远、苗圩部长，
各位领导、专家、同事、朋友：

今天中国工业经济联合会和大家共同举行“庆祝中国共产党成立100周年座谈会暨《中国工业史》首批7卷出版发布会”。刚才顾秀莲副委员长作了重要讲话，徐匡迪副主席发来了贺信，几位领导同志讲得都很好，我最后再作个发言。

回顾我国工业的发展历程，翻开中国近代史，鸦片战争后中国沦为半殖民地半封建社会。有不少爱国志士仁人秉承“工业救国”宗旨兴办民族工业，清朝和民国也办了不少官办工业。帝国主义列强侵略我国，瓜分市场、掠夺资源，中华大地任人宰割。中国共产党诞生后，在谋求国家独立、民族解放的同时，提出了做好由农业国向工业国转变的准备，20世纪30年代初作出了发展工业的决定。在革命战争的艰难岁月里，我党我军自己的工业从无到有、由小到大，支援了战争胜利，积累了经验、培育了人才，积淀了我国工业的红色基因。随着人民解放战争的节节胜利，我们接管了帝国主义在华资产，没收了官僚资本，这些资产便回到了人民怀抱。

新中国成立后，在“一穷二白”和战争废墟上党领导全国人民开启了社会主义工业化建设事业。建国70余年、改革开放40多年来，战胜了千难万险，排除了内外干扰，探索实践、奋发图强、风雨兼程、改革创新。我国工业取得巨大成就，形成了独立完整、门类齐全、体量巨大的工业体系。我国已成为第一工业大国和制造大国、第一出口贸易大国，一些领域达到了国际水平。历史证明，中国共产党的领导是我国工业化的根本保证。

为了总结和汲取历史经验，弘扬中华民族的工业文化，以史为鉴，昭示后人，2012年10月经国务院领导批示同意，由中国工业经济联合会牵头组织编纂《中国工业史》。我会联合相关国家级行业联合会、协会，国家级研究单位和高等院校等共同开展此项工作，有130多名工业行业、史学专家和2000多名编撰人员参加。《中国工业史》共21卷，今天将发布《中国工业史》丛书中的7卷，由中共中央党校出版

社出版。《中国工业史》在编纂过程中，坚持以习近平新时代中国特色社会主义思想为指导，坚持唯物史观，坚持“真实、科学、共识”的编纂原则，做到以史为主、真实记叙、准确论述。

值此《中国工业史》首批7卷出版发行之际，我们向党和国家领导人致以崇高的敬意；对工业界前辈们，对工业战线亿万职工，表示衷心的敬佩；对《中国工业史》编纂工作顾问，对中共中央党校出版社和中央、国家相关部委、机构，各承担编纂任务的单位、部门，广大的编纂者、审稿专家、媒体朋友，以及社会各界人士，表达真挚的谢意！希望《中国工业史》能对国内外读者有所裨益。该书编纂中出现的疏漏与不当之处，敬请广大读者朋友批评指正。我们将继续努力做好后续14卷的出版发行。

党的十八大以来，习近平总书记和党中央对经济形势进行了科学判断，针对我国工业发展不充分、不平衡，以及存在的问题和差距，顺应世界发展潮流，作出了一系列战略决策，实施了一系列政策举措，引导我国经济发展发生了历史性变革。党的十九大提出到2050年把我国建成富强、民主、文明、和谐、美丽的社会主义现代化强国。中国共产党第十九届中央委员会第五次全体会议进一步提出到2035年“基本实现新型工业化、信息化、城镇化和农业现代化，建成现代化经济体系”，这意味着我国工业化还有较长一段路要走。我们尤其要立足新发展阶段、贯彻新发展理念、构建新发展格局，“十四五”时期工业应有新使命、新担当。

一是正确认识国情，保持工业制造业在国内生产总值中占比基本稳定。我国工业占比从2006年的42%降到2019年的32%，制造业由32.5%降至27.7%，与韩国相当。这种过早过快下降的趋势引起中央重视，中国共产党第十九届中央委员会第五次全体会议和“十四五”规划都提出“保持制造业比重基本稳定，巩固壮大实体经济根基”。省市和行业在制定“十四五”规划时，都把功夫下在高质量发展上，靠提质、降本、增效力争工业增加值增幅与国内生产总值增幅相当，值得肯定。

二是加强科技创新、成果转化和产业数字化，增强自主可控。我国研发投入占国内生产总值比重达到2.4%，仍有潜力，投入总额位居世界第二位，但用于基础研究的比例偏低，2020年是6.2%，发达国家是15%—20%，“十四五”时期要提高到8%，加强原始创新。要“拓展产学研用融合通道”，形成“产学研用深度融合的技术创新体系”。科技成果要转化为现实生产力，数字化要重在创造行业应用场景。发挥产业优势，产业链上下游协同，加快攻克“卡脖子”关键，有效应对美国等外部势力的遏制打压。

三是“碳达峰”“碳中和”，工业更要有责任担当。2015年底，习近平主席在联合国大会上回应“巴黎协定”倡议，作出了力争2030年前实现碳达峰的承诺。2020年9月以来，习近平主席再次强调，提高自主贡献力度，并提出力争2060年前实现碳中和。工业能耗占69%，是二氧化碳的主要排放源，要查清碳源、分解目标、落实责任，要加快调整优化产业结构、能源结构和产品结构，研发二氧化碳的捕集、封存和利用方法，深入节能降耗减碳治污，创建绿色产品、绿色工厂，绿化国土，提升生态“碳汇”。重点行业重点地区要提前实现。

四是注重开发国内外市场和资源，保障能源资源和产业安全。我国工业的结构性矛盾之一是部分能源资源不足，如原油对外依存度是73.5%，铁矿石是85%，铜、铬、镍、钴等80%以上依赖进口。中国共产党第十九届中央委员会第五次全体会议指出要“实施能源资源安全战略”，建立多元化、多渠道、多方式稳定可靠的能源资源供应基地。增加国内供给，加强矿产资源规划管理，推进接续建设和集约化开发，开展新一轮找油找矿工作。同时支持企业走出去，实现合作共赢，获得更多权益资源量。

抚今追昔，不忘初心、牢记使命。让我们紧密团结在以习近平同志为核心的党中央周围，同心同德、顽强奋斗，夺取全面建设社会主义现代化国家新胜利。

在“庆祝中国共产党成立100周年座谈会暨《中国工业史》首批7卷出版发布会”上的讲话

苗　圩

尊敬的顾秀莲副委员长、毅中部长，

各位领导、工业界前辈部长，

各位代表、朋友们：

大家好！

非常高兴参加今天的座谈会暨发布会。在庆祝中国共产党成立100周年之际，中国工业经济联合会（简称工经联）组织召开工业界这一重要会议和《中国工业史》首批7卷出版，正当其时、意义重大，对此我表示衷心的祝贺！

当前，全党上下正在开展党史学习教育，几天后我们还将迎来中国共产党成立100周年的重要纪念日。回顾百年历程，党领导中国人民经过浴血奋战、艰苦奋斗、改革开放、创新发展，创造了人类历史上前所未有的发展奇迹，特别是党的十八大以来，以习近平同志为核心的党中央以全球视野和战略眼光，立足治国理政全局，提出实施制造强国战略，推动我国工业发展取得历史性成就，总体规模、创新能力、综合实力跃上新台阶。2020年，我国制造业增加值达到26.59万亿元，接近全球比重的30%。自2010年以来，连续11年保持世界第一制造大国地位、连续12年稳居全球货物贸易第一大出口国地位、成为全世界唯一拥有联合国产业分类中所列全部工业门类的国家、220多种工业产品产量居世界第一位。新中国成立以来工业发展所取得的成就，支撑我国实现了从贫穷落后的农业国到具有全球影响力经济大国的转变，支撑了中国人民由站起来到富起来，再到强起来的飞跃。

今年是“十四五”开局之年，也是我国现代化建设进程中具有特殊重要性的一年，开启了建设社会主义现代化强国的新征程。回顾历史，走得再远也不能忘记来时的路。在国务院领导的关怀和支持下，在毅中部长的领导下，工经联牵头组织编纂《中国工业史》，这是一件工业界的大事，是我国几代工业人的夙愿，也是建国以来首部工业史书，令人振奋。同时我们还要立足当前，展望未来，我国已进入新发展阶段，国内外环境的深刻变化带来了一系列新机遇、新挑战。我国制造业大而不强、全而不优的局面尚未得到根本改变，基础能力依然薄弱，关键核心技术受制于人，“卡脖子”“掉链子”风险明显增多，制造业占国内生产总值的比重下降得过早、过快，不仅拖累当期经济增长，影响城镇就业，还将带来产业安全隐患，削弱我国经济抗风险能力和国际竞争力。在立足新发展阶段、贯彻新发展理念、构建新发展格局时，加快推动制造业高质量发展更加迫切。推动制造业高质量发展，成为当前和今后一个时期我国经济发展中的重大战略任务。借此机会，我想就如何推动制造业高质量发展，加快建设制造强国谈几点思考与体会。

一是进一步提高对推动制造业高质量发展的思想认识。制造业是实体经济的主体，是技术创新的主战场，是供给侧结构性改革的重要领域。制造业对于经济社会发展的意义，不仅体现在直接创造了多少经济价值，更体现在对创新活动和高端要素的承载作用，对经济结构优化的带动作用，以及对国民经济发展质量变革、效率变革、动力变革的长效驱动作用上。这次抗击新冠肺炎疫情，我国完备的制造业体系发挥了重要作用，再次证明了制造业对大国发展和安全的重要意义。应该说，近年来各方面对制造业发展的重视程度、支持力度都有了很大提高，但全社会对加快发展制造业并未完全形成共识，忽视传统产业改造提升、用服务业代替制造业拉动整个经济增长等观点和看法还有一定的市场，这对我国制造业发展带来了严重困扰。必须深刻吸取历史教训，把思想和行动统一到习近平新时代中国特色社会主义思想上来，进一步强调制造业的战略地位和作用，把制造业高质量发展各项工作抓紧抓好，保持制造业比重基本稳定，加快制造强国建设步伐，保护我国最完整的产业体系，提升产业链供应链自主可控能力，保护好几十年来攒下的家底。

二是加快健全有利于制造业高质量发展的体制机制。制约我国制造业高质量发展的问题很多，但最根本的还是市场化改革不到位。比如，企业公平竞争机制尚不健全，一些隐性的市场准入限制依然存在，要素价格市场化形成机制不完善，能源、土地、环保等价格不能充分反映市场供求关系和资源稀缺程度，企业税费负担依然较重，金融对制造业的支持力度亟待加强。必须坚持目标引领和问题导向，加大改革力度，加快健全完善有利于制造业高质量发展的体制机制，增强发展的内生性动力与活力。

三是推进创新链和产业链供应链深度融合。我国制造业创新能力不强，关键还是科技创新体制机制不健全，科技与产业“两张皮”问题尚未得到有效解决。创新资源配置重复、分散、封闭、低效，产业关键共性技术供给体系存在结构性缺陷。必须深化科技体制改革，科学配置科技资源，围绕产业链部署创新链、围绕创新链布局产业链，推动创新链、产业链、政策链、资金链、人才链深度融合。要加快推动建立以企业为主体的技术创新体系，积极探索发挥新型举国体制优势的新路子，强化科技、产业等部门协同。

四是加快建设支撑制造业高质量发展的人才队伍。我国劳动力资源丰富，人才队伍充实，但新兴产业领域、跨学科前沿领域人才缺口大，创新型、高技能等高素质人才占比明显偏低，已经成为制造业高质量发展的重大制约，必须引起我们高度重视。要深入实施教育“强基计划”，培养STEM（科学、技术、工程、数学）领域人才。要贯通“技术工人—技能人才—高技能人才—大国工匠”的成长通道和发展路径，让从业人员有出路、有奔头。要高度重视并做好人才引进工作，把握难得的机遇和时间窗口，吸引更多国际顶尖人才和华人科学家为我国科技创新服务。

中国早期农业电气化之肇始、成效与困境——以“武锡区”模范电力灌溉为例

陈　悦　孙　烈

摘　要：20世纪20—30年代，中国在工业整体落后的背景下，曾“超前”使用电力灌溉，试图发展农业电气化，有成效但也存在明显的问题。本文以最早引入电力灌溉的江苏武锡模范灌溉区为案例，梳理中国早期农业电气化之肇始与初步发展，分析当时电厂与政府在推动电力灌溉中的不同作用，探讨早期电力技术、运营管理和乡村建设等多种因素对农业电气化的影响。

关键词：电力灌溉；震华电厂；戚墅堰电厂；武锡区；建设委员会；农业电气化

中国古代的水利灌溉发达，工程技术有其独特的特点。[①]至于近代，受中国工业整体落后的影响，机灌技术与机灌业发展比较迟缓。[②]而实际上，自20世纪20年代起，江苏[③]、云南[④]、福建[⑤]的部分农田就已用上了电力灌溉。相较当时工业电气化与普通家庭的照明用电尚未解决，规模化的电力灌溉似乎难以想象。本文将讨论影响当时中国电力灌溉技术推广的主要因素。

陈悦，博士，中国科学院自然科学史研究所副研究员，主要研究领域为中西科技交流史、电力技术史

孙烈，博士，中国科学院自然科学史研究所研究员，主要研究领域为技术史

一、引　　言

灌溉通过人造系统控制农业用水，由此形成的水利工程在农业生产乃至世界文明中发挥至关重要的作用。依据原动机做功方式的不同，灌溉可分为自古就有的人

---

① 张芳：《中国古代灌溉工程技术史》，太原：山西教育出版社，2009，第1—8页。

② 袁家明：《近代江南地区灌溉机械推广应用研究》，南京农业大学博士学位论文，2009。

③ 江苏省武进县县志编纂委员会编：《武进县志》，上海：上海人民出版社，1988，第316—318页；模范灌溉管理局编：《模范灌溉》，模范灌溉管理局，1934；南京中国农民银行编：《本行在武进办理电力及机器灌溉情形》，南京中国农民银行，1947；谢惠舟：《本行在武进办理电力及机器灌溉情形》，《本行通讯》1947年第160期。

④ 费逢泉：《我国最早的水电站和电力灌溉站》，《水利天地》1990年第3期。

⑤ 《福州电气公司农村电化部庶绩》，《农业周报》1931年第1卷第62期。

力、畜力、风力、水力等方式，也有工业革命之后才兴起的内燃机、电力、太阳能等新方式。后者主要使用工厂制造的水泵、内燃机、电动机及相应的变压器、防雷和接地等设施，统称为机灌。

电力灌溉始于20世纪初的美国。当时，在美国向乡村推广用电也是初兴时期，但发展迅猛。1908年，美国北科罗拉多地区实现了用电能将丘陵地带的水浇灌平原地区的农田，较为经济的电力灌溉与当时的电动吸奶机、电剪羊毛机和电动脱粒机一样受到农牧民的欢迎。[①]1913年，南加州的W. J. 安森（W. J. Anson）发明了埋入田地的灌溉管线，使得农田用水更加高效与可控[②]，很快取代了依赖人力与水车等传统的灌溉方式。电力灌溉几乎同时出现在欧洲的工业化国家。[③]美欧的乡村电气化在开始后，完成了一个迅速发展的过程。[④]新的灌溉形式有赖美欧电力工业的迅猛发展，如建立在煤田旁边的北科罗拉多电厂及其15 000马力（1马力约合735瓦，下同）的发电机组。

电力灌溉用电属于农业用电，按照中国现行的国民经济行业用电分类标准，排灌用电与工业、商业、住宅、市政等用电是有所区分的，各级政府一般给予优惠电价。受用户用电需求的影响，电力系统的负荷在一日、一月、一年之内都是变化的。从电力供应方来看，系统有余电未能利用，本身就是资源浪费，灌溉等农业用电有利于发挥电力系统的整体效能。不过，由于电力灌溉有显著的季节性，用电又与河道水位高低、降水多寡、作物种类、农民经验等有关系，再加上电桩、电线、电机的架设等先期投入等因素，此类用电的供电保证率往往不高。

20世纪上半叶，在电力发达的美国，余电的利用和农村用电均受政府的管理。1936年，罗斯福总统签署了《农村电气化法案》（*The Rural Electrification Act*），成立农村电气化管理局（Rural Electrification Administration，REA），会同内政部与农业部等机构曾以在多地推行“电力合作社”（electric cooperative）的方式，吸引民间资金参与输电线路、变电站及相关设施的建设。[⑤]美国《农村电气化法案》规定，贷款用于发电厂、输电和配电线路以及家庭电力和管道设备的安装。向个人、公司、州、非营利合作社（non-profit cooperatives）和其他人提供贷款，利率与联邦政府的低借款利率挂钩。该法案实施的效果十分显著：第二次世界大战前，美国几乎所有的小城镇和农村地区都已经完全电气化了，全国80%的土地上有数以千万计的美国人由电力合作社提供服务。[⑥]

需注意的是，对中国来说，苏联在电气化、集团农场和农业灌溉等方面的发展，以及整个苏联“第一个五年计划”（1928—1932）的成就引起了一些中国知识分子的兴趣。不过，对于电力工业不甚发达的

---

① Anderson D H. *The Irrigation Age*. London：Forgotten Books，1910：949.

② Anderson D H. *The Irrigation Age*. London：Forgotten Books，1913：404.

③ Russell H. Electricity for Farm Work and Irrigation. *Engineering News*，1910（63）：685.

④ 任培元：《各国乡村电化之趋势》，《中国电力》1937年第1卷第4期。

⑤ United States. Congress. Senate. Committee on Appropriations. Agricultural Appropriations for 1951. Washington：U.S. Government Printing Office，1950：1388-1389.

⑥ Garwood J D，Tuthill W C. The Rural Electrification Administration：An Evaluation. *American Enterprise Institute for Public Policy Research*，1963：4，14，27.

后进国家来说，很难在农村地区架设电网并提供农民负担得起的电价，电力灌溉并非易事。[①]

目前，关于中国早期农业电气化，特别是电力灌溉、电力技术转移及相关政策，学界的关注甚少。一方面，以民国时期工业、电力业的整体基础与实力，在农村推行电力灌溉的举措并不寻常。似乎仅有20世纪30年代日本学者田中忠夫留意过中国电力灌溉的“超前”发展，他在1934年的《中国农业经济研究》中做过简短的论述。[②]回顾这段历史，需在案例分析的基础上分析“超前”背后的技术、经济与社会等问题。

另一方面，关于电力工业体系的初建，当前学界的关注点几乎都在工业与城市用电，中国电业发轫似乎与农业关系不大。然而，实际并非如此。国民政府时期以南京为中心的首都电力工业建设盛极一时[③]，其影响远不止南京市的市政与工商业，对周边地区的农业也确有促进。近年来部分学者推进了中国早期电力灌溉史的研究，但受史料的影响，将电力灌溉的成效解释为“深受农民喜爱”“令人瞩目的成就”，或简单化为“成功范例”。[④]谭徐明于2005年出版的《中国灌溉与防洪史》只是简略地提及了民国时期的电力灌溉[⑤]，没有讨论民国与新中国两个时期在技术举措、理念和制度等多方面的深刻变化。

以上历史情形涉及中国现代工业与农业协同发展，农村基础建设等多方面问题，颇值得扩大视角再作探讨。基于新近发现的史料，本文尝试重新解读江苏省武锡区最早引入电力灌溉这一技术引进实践的成效与存在问题，期待方家批评指正。

二、震华电厂促成武锡区电力戽水的早期探索

武锡区不是一般的行政区域，而是民国时期在武进、无锡一带形成的电力灌溉区域。[⑥]这种因行业特点而形成的区域划分方式常见于铁路、邮政、电力等领域。民国年间，常州撤府并入武进，此后也多以武进或常州指代武常地区。该地区河道密布，稻作、水产、蚕桑、手工业和农田水利事业均较发达。[⑦]20世纪初，震华制造电机厂（以下简称“震华电厂”）及其“武常段”供电线路的修建，拉开了中国电力灌溉的序幕。

武进使用柴油抽水机甚早，光绪三十二年（1906）芙蓉圩即已使用。[⑧]苏南地区以平原为主，水网遍布，农业发达，多数时间不缺灌溉用水，然而夜以继日地以“三车”——牛车、风车或人力翻车戽水，

---

① Powering Agriculture：Irrigation. https://energypedia.info/wiki/Powering_Agriculture：_Irrigation（2021-07-30）.

② 〔日〕田中忠夫：《中国农业经济研究》，汪馥泉译，上海：大东书局，1934，第45—54页。

③ 陈悦：《民国时期大型官营都市工厂的技术发展——以南京首都电厂为例》，《山西大同大学学报（自然科学版）》2019年第35卷第3期。

④ 袁家明、惠富平：《民国时期苏锡常地区新式排灌机械发展及原因探析》，《南京农业大学学报（社会科学版）》2007年第4期；谭备战：《抗战前农田机灌事业的肇启——以建委会推行模范灌溉为例》，《中国经济史研究》2016年第2期。

⑤ 谭徐明主编：《中国灌溉与防洪史》，北京：中国水利水电出版社，2005，第153页。

⑥ 建委会：《发展苏省电业计划：兴办电气事业之要讯》，《电业季刊》1930年第2期。

⑦ 江苏省武进县县志编纂委员会编：《武进县志》，上海：上海人民出版社，1988，第2—9、247—330页。

⑧ 周魁一：《农田水利史略》，北京：水利电力出版社，1986，第133页。

耗力费时，遇旱季或大旱之年还须雇工戽水。旧式戽水工具提水量很小，扬程不高，多数利用内塘水提灌，旱年需从外河翻水，再塘翻塘。[①]“常州无锡二邑之间，农田面积甚广，高旱之地有赖机械给水；低洼之地，又赖机械之力抽水。”[②]

1915 年武进开始仿制内燃机，技术人员使用国产机器戽水。内燃机拖带木制龙骨车（当时尚无水泵）灌塘，被称为“洋龙”。至 1920 年，厚生厂创制水风箱（即水泵），加之内燃机马力加大，逐步发展出流动式戽水机船——“洋龙船”，沿河航行。[③]然而，内燃机所需燃油，当时远未实现自给，喝油的“洋龙”自然难于推广。例如，江阴县新桥镇在 20 世纪 50 年代之前，有牛车 177 台、人力翻车 150 台，而戽水机仅 4 台，“洋龙船”只有 2 台。[④]

工商业是电力工业最主要的用户，而农田灌溉在很长时间属于电厂多余电力的利用。民国时期，武进、无锡一带的电力戽水，源于当地电力工业的建立以及解决多余电力的尝试，而设备与技术主要来源于德国。1920 年，施肇曾、杨廷栋等与德国西门子厂创办震华电厂于武进之戚墅堰，为当时国人经营电气公司之最大者，创办之初原拟以制造电机为主要事业，以发售电气副之，后因招股未能足额，于是致力于供电事业。[⑤]1923 年底，震华电厂竣工，电厂装备两台发电机系从德国西门子电气公司购得，分别为 6.6 千伏和 3200 千瓦[⑥]，在当时已属大容量发电机，应付市镇供电绰绰有余。第二年春正式发电。后因营运困难，1926 年夏改由西门子经理，亦无起色，1927 年由震华公司经理。

由于震华电厂与 1913 年创办的武进电气公司存在营业区域交叉和技术竞争两方面矛盾，于是商定以大运河为界，南由震华电厂供电，北由武进电气公司负责。这样划分后的用户数量颇不均等，城区全部在北区且工厂较集中，震华电厂机力大却用户少。[⑦]在改善营业亏损和亟欲扩充用户的压力下，震华电厂决定将多余电力供给电力系统内以“武常段”为主的武进、武锡地区，用于发展农田灌溉。

1924 年夏秋两季，武进等县发生特大干旱，“禾苗枯黄”。[⑧]1924 年 6 月，由任职震华电厂副厂长的

---

① 何国才：《从水车提水到机电排灌——武进县机电排灌的发展》，载中国人民政治协商会议江苏省武进县委员会文史资料研究委员会：《武进文史资料》（第 8 辑），1987，第 142 页；何西安、陆权南、吴文利，等编纂：《方松街道志》，上海：上海辞书出版社，2012，第 363 页。

② 《本会电力事业处工作报告：计划中之电力事业：乙、常锡区域灌溉工程》，《建设》（南京 1928）1929 年第 2 期。

③ 何国才：《从水车提水到机电排灌——武进县机电排灌的发展》，载中国人民政治协商会议江苏省武进县委员会文史资料研究委员会：《武进文史资料》（第 8 辑），1987，第 143 页。

④ 《新桥镇志》编纂委员会编：《新桥镇志》，北京：方志出版社，2011，第 110 页。

⑤ 恽震、王崇植编：《中国各大电厂纪要》，建设委员会，1931，第 117—118 页。

⑥ 吴之光：《我国早期的农村电力灌溉区——武进县蒋湾桥、吉三垛二处电灌站》，载中国人民政治协商会议江苏省常州市文史资料研究委员会：《常州文史资料》（第 3 辑），1982，第 44 页。

⑦ 吴之光：《我国早期的农村电力灌溉区——武进县蒋湾桥、吉三垛二处电灌站》，载中国人民政治协商会议江苏省常州市文史资料研究委员会：《常州文史资料》（第 3 辑），1982，第 45 页；黄炎培：《调查常州电力灌田状况报告》，载中国人民政治协商会议江苏省武进县委员会文史资料研究委员会：《武进文史资料》（第 8 辑），1987，第 129 页；萧吾：《1926 年黄炎培先生来武进县调查电力灌溉状况》，载中国人民政治协商会议江苏省武进县委员会文史资料研究委员会：《武进文史资料》（第 8 辑），1987。

⑧ 江苏省武进县县志编纂委员会编：《武进县志》，上海：上海人民出版社，1988，第 180—181 页。

江湛[①]和身为定西乡乡董的江澄两兄弟联手。江湛组织“均益兴业公司”，经理该厂电气业务。[②]江澄与粮行店主杨廷葆等成立“利民戽水公司”（后改为“利民农事合作社”）经营戽水站，在湖塘乡蒋湾桥试办灌田约2000亩。

电力灌溉的工程事项由电厂工程师沈嗣芳具体规划，在技术上获得了成功。戽水采用两种方式：一种水管直接引河水入田；另一种将外河水戽入内河，再由水车戽水入田。震华电厂将以马达为主的戽水设备租借给戽水公司，用于外河水戽入内河。戽水公司装设德国产及国产电动水泵各1台，均系旧货，德国产水泵用马力20匹电动机驱动，实用马力12匹[③]（一说19.85千瓦[④]，），国产水泵用35匹马力电动机驱动，实用26匹[⑤]（一说25.73千瓦[⑥]），国产水泵为仿制。电力灌溉使用专设的输电线路，初供蒋湾桥和吉三垛两个电力戽水站用电，输电电压为2.3千伏，电杆为木杆，长32呎（英尺，1英尺合0.3048米，下同），上径4吋（英寸，1英寸等于1英尺的1/12，下同），线均为1/6B.S.裸铜线。[⑦]至1929年，电灌输电线路2.3千伏有45里，戚厂6.6千伏直配线用于电灌的延线有50.7里（1里等于500米，下同）。[⑧]抽水用变压器（俗称“方棚”）一般安装于抽水处附近，因不同电压等级、单向及三相的区别，分为多种，截至1929年，共计43台，容量1287千瓦。[⑨]

规模小，业务不稳定，电厂的积极性自然不高，这是震华电厂早期电力灌溉业务的一个显著特征。1924年电力灌溉开办正逢大旱，戽水时间自阴历六月初九开始至八月二十止，中间有少半停机间歇，其间几无下雨，秋收却甚佳，戽水每亩仅一元，不到雇工一日之资。相较传统灌溉生产歉收甚至无收，试办电力灌溉获得了良好效益。农民见机力大，水头高，称电灌供水之为“电水”“电龙”“龙王水”，同声称便。[⑩]电力灌溉创办次年，即有4乡12处办理近万亩，1926年又有8乡25处办理2.86万亩。[⑪]1926年秋，震华电厂与武进地方人士联合试办电力灌溉已发展到8个乡，40处，灌溉面积达到2.752万亩。[⑫]1927年，江苏实业厅虑及需要缓解旱荒，以震华电厂办理电灌为先例，令各县转饬所属各农会和电

---

① 江湛后任太湖流域水利委员会设计委员，并任“第一灌溉委员会”常务委员。见《建设委员会之利农政策》，《中国建设》（上海1930）1930年第1卷第1期。

② 陈御风：《民丰纺织厂的历史沿革》，《常州地方史料选编》，1982，第130页。

③ 吴之光：《我国早期的农村电力灌溉区——武进县蒋湾桥、吉三垛二处电灌站》，载中国人民政治协商会议江苏省常州市文史资料研究委员会：《常州文史资料》（第3辑），1982，第46页。

④ 《最早的电力灌溉》，载中共常州市委党史工作委员会、常州市地方志办公室编：《常州之最》，北京：方志出版社，2006，第41—42页。

⑤ 吴之光：《我国早期的农村电力灌溉区——武进县蒋湾桥、吉三垛二处电灌站》，载中国人民政治协商会议江苏省常州市文史资料研究委员会：《常州文史资料》（第3辑），1982，第46页。

⑥ 《最早的电力灌溉》，载中共常州市委党史工作委员会、常州市地方志办公室编：《常州之最》，北京：方志出版社，2006，第41—42页。

⑦ 《戚墅堰电厂之电力农田戽水概况》，《太湖流域水利季刊》1929年第3卷第1期。

⑧ 建设委员会戚墅堰电厂：《戚墅堰电厂电力农田灌溉之成绩》，《电工》1930年第1卷第1期。

⑨ 〔日〕田中忠夫：《中国农业经济研究》，汪馥泉译，上海：大东书局，1934，第47页。

⑩ 吴之光：《我国早期的农村电力灌溉区——武进县蒋湾桥、吉三垛二处电灌站》，载中国人民政治协商会议江苏省常州市文史资料研究委员会：《常州文史资料》（第3辑），1982，第46页。

⑪ 《戚墅堰电厂之电力农田戽水概况》，《太湖流域水利季刊》1929年第3卷第1期。

⑫ 萧吾：《1926年黄炎培先生来武进县调查电力灌溉状况》，载中国人民政治协商会议江苏省武进县委员会文史资料研究委员会：《武进文史资料》（第8辑），1987，第128页。

厂，设法仿照办理电灌。至1928年政府接手此事业前，合计电力戽灌农亩3.888万亩，分布于武进定西乡等8个乡39处3.573万余亩，无锡开源乡9处3150亩。[①]此外，苏州、吴兴、杭州等地的电厂也因之试办，规模仅在千亩左右，均规模尚小。

早期的电力灌溉只属于民营业务，这是另一个重要特征。武进县政府明确认为："电力耕田、戽水计划，纯系政府设备。我国一时尚无此希望。至电力戽水，武进已发现其事，然商办电厂，资本有限，电量亦有限，戽水系一季营业，无利可图，设传布过广，原有设备且恐不能应其所求也。"[②]当时县政府的态度并未十分积极，认为规模有限、不宜推广，这应与震华电厂后期出现的亏损状况有关。因电力私营，各方矛盾颇多，事业发展受到一定阻碍。就震华电厂电灌事业本身而言，供需双方均有意推进。随着业务增多，马达、水泵等费用逐渐转为乡办，电厂专司供电，农民承担电灌费用逐年降低，逐渐接受接灌。业务受旱涝影响，在不旱的年份接灌增量不多。

就电厂而言，制约电力灌溉发展的因素在于，变压器和杆线架设所费较大，电厂需权衡收益再做规划，因此线路延伸有所限制。然而，震华电厂因经营失当，亏损至负巨债。1927年交通部派员调解震华电厂和与其兴讼多年的无锡耀明电气公司，将二者重组为永兴电气公司。1928年移交时发生纠纷，导致停电，股东及常、锡两地各界请求建设委员会（以下简称"建委会"）出面维持，以确保利益和持续经营。受此影响，电力灌溉事业的发展并不顺畅。

三、政府在武锡区推广电力灌溉

1927—1937年，中国农业生产和农村经济经历了严重衰退并持续恶化。[③]同时，受到美欧与苏联推进农村电气化、国内乡村建设运动思潮的影响，国民政府及其下属的建委会、部分地方政府，开始摸索引进与推广电力灌溉的方法。将电灌事业纳入电气事业之中，也正合当时乡村建设运动的理念。国民政府成立后，对于武进、无锡等主要的农业区，政府认为"各县大都以务农之居民维多，故在目前欲充分利用电力，以发展地方，注意于工业，不如注意于农业"[④]。在建委会的相关规划中，政府不仅变更一些重要发电厂的经营方式，由私营改为国营，而且对农业电气化也有新的考虑。

建委会直接管理的电厂仅有首都电厂和戚墅堰电厂，对两厂倾注颇多心血，努力使之成为全国最新、最进步之电厂。1928年10月建委会派员接办震华电厂，收归国营，将其改名为中华民国建设委员会戚墅堰电厂（以下简称"戚厂"）[⑤]，同年12月又兼并了耀明电灯公司。建委会希望电力促进工商、农

---

① 何国才：《从水车提水到机电排灌——武进县机电排灌的发展》，载中国人民政治协商会议江苏省武进县委员会文史资料研究委员会：《武进文史资料》（第8辑），1987，第144页。

② 《计划中之新武进》，《武进年鉴》，武进县建设局，1928，第4页。

③ 刘克祥：《1927—1937年农业生产与收成、产量研究》，《近代史研究》2001年第5期。

④ 《乡村运动消息：建设委员会积极计画农业利用电气》，《村治》1933年第4期。

⑤ 《本会电力事业处工作报告：已进行之电力事业：乙、整理戚墅堰电厂》，《建设》（南京1928）1929年第2期。

业、交通、市政等方面的发展。例如，政府拟筹设无锡皋桥新的大电厂以形成长江下游电气网，促进“京沪路”工商业，“第一步使无锡工业电气化；第二步使太湖流域农业电气化，第三步使近畿各县交通电气化”①。

为此，建委会电力事业处聘请美国工程师亚诺尔（A. E. Arnold）撰写了《利用电力灌泄以发展戚墅堰电厂附近农田之计划》②，该计划论述了利用电力以节制水量的方法及其经济效益，估算灌溉及宣泄之设备种类与荷量选择③，并指出沟渠、管线设计要依据地形高低、用户多寡、用度分配而定。该计划提供了电力灌溉思路、设计和注意事项，令建委会由电力灌溉看到了乡村电气化的前景。

鉴于武进、无锡二邑电力灌溉试验有显著之成绩，而之前工程规模不广、计划不精，建委会拟作详细之调查，精密之测量，然后定大规模电力灌溉之计划，以利农民生。④乡村电气化被列入电气事业处“电气事业之管理及发展”：“我国有大部熟耕农地，若至水潦可以免除，灌溉设备完成之时，生产量必可特别增加，惟水量节制工程，胥赖廉价电力之供给及分配，是以千百里之馈电线路，即宜建设，并延长入于各乡村，以电化各农田。”⑤

时任建委会副委员长的曾养甫在1930年撰文宣传推广电力灌溉以裕农田收入时指出：近代各国莫不利用机械灌溉，而尤以电力灌溉最为经济稳妥，欧美各国成效显著。戚厂灌溉常锡二邑农田约五万亩，农田一用电力灌溉，收获辄至倍蓰。故电线所达之地，田价即为增高，足征灌溉之效，亟宜积极推广，以增加农田收获而利民生。推广办法如下：①官营电厂设法引杆线至各乡以供给农田灌溉之电力；②由本会及各建设厅督促各民营电气事业，推广杆线至各乡；③由本会及各建设厅宣传电力灌溉之利益，并指导电力灌溉之方法；④各省设立灌溉区，以为电力灌溉模范；⑤劝导各银行投资电力灌溉事业。⑥

政府重视武锡区电灌业的成败，是为大范围推广做准备。1930年，国民政府明确建委会“主重设计工作，并办理各种模范事业”⑦，并决议推广电力灌溉，令行各省区着手仿办。1931年4月建委会成立模范灌溉武锡区办事处（以下简称“武锡处”），谋达农业科学化和增加农业产量。⑧与武锡区模范灌溉区几乎同时，建委会推动庞山湖实验场的创办⑨，然而仍觉两处不足以资提倡，为求发展，乃向各省需灌溉区增设数处以树楷模，如安徽青草湖、江西赛湖、湖南洞庭湖各流域，均拟派员调查测量。特别对于西北

---

① 中国国民党中央委员会党史委员会编辑：《张静江先生文集》，台北：中国国民党中央委员会党史委员会，1982，第248页。

② 〔美〕亚诺尔：《利用电力灌泄以发展戚墅堰电厂附近农田之计划》，电力事业处译，《建设》（南京1928）1929年第2期。

③ 《利用电力灌泄以发展戚墅堰电厂附近农田之计划》指出，以60马力电动机较为适宜，需抽水机300具。据戚墅堰电厂现有多余电力，计算应备抽水机30具，杆线120英里，若经济充裕，逐年增添设备2/3，则8年之内300具抽水机设备俱可完成。

④ 《本会电力事业处工作报告：计划中之电力事业：乙、常锡区域灌溉工程》，《建设》（南京1928）1929年第2期。

⑤ 电气事业处：《中国电气事业发展之鸟瞰》，《建设》（南京1928）1929年第5期。

⑥ 曾养甫：《提议推广电力灌溉以裕农田收入案》，《建设》（南京1928）1930年第7期。

⑦ 中国国民党中央委员会党史委员会编辑：《张静江先生文集》，台北：中国国民党中央委员会党史委员会，1982，第237页。

⑧ 何荣琨：《武锡区电力灌溉合作概况》，《合作界》1935年第1卷第7期。

⑨ 谭备战：《抗战前农田机灌事业的肇启——以建委会推行模范灌溉为例》，《中国经济史研究》2016年第2期。

甚多处可办灌溉的情况，分函冀、鲁、豫、陕、察、宁六省政府切实调查，以便派员会勘设计实施。[①]

1931 年建委会奉国民政府令，将水利和电力灌溉两项事业重新调整归属，将水利事业移交内政部，建委会专办灌溉事业，并设立灌溉局，接收戚厂及第一灌溉委员会已办之电力灌溉事业。该局设立模范灌溉武锡办事处，该处置正主任由水利学家孙辅世（1901—2004）担任，副主任由江湛担任，下设总务股及工务股，由谭友岑兼任两股股长。1935 年，考虑之前对接乡民申请的承办者多为当地商人，存在欺瞒垄断情形，于是派员指导农民自行组织电力灌溉合作社，处理灌溉业务[②]，将推广电力灌溉落于实处。由此可见，电力灌溉最主要的推动来自政府希望统筹电力、农业与水利各项发展的初衷。

四、武锡区电力灌溉的成效与问题

农业电气化中，用电力排灌是重中之重。震华电厂此前的经营失利成为国有化和开展农业电气化的突破口。建委会令其实施电气试验，通过戚厂创办模范电力灌溉区。[③]

建委会直接管辖该灌溉区，政府对此不可谓不重视。该会在 1929 年的电灌规划认为："模范灌溉事业：本会为应用科学方法，发展电力灌溉，增加农产收益起见，拟于各省选择相当地点，分别设立模范灌溉区，以示提倡，于十八年十月奉准立案，现已设立常州第一灌溉区委员会及庞山湖灌溉实验场，办理农田戽水事宜。"[④]年底即组织成立第一灌溉区委员会，委员由建委会、电气事业处、水利处、太湖流域水利委员会、戚厂各一人组成。设主任委员一人、常务委员一人，下设三股：总务股，主任由常州办事处主任于定一兼任、副主任由戚厂事务主任朱大经兼任；水工股，主任由太湖流域水利委员会技术长庄秉权兼任；电工股，主任由戚厂总工程师吴新炳兼任，副主任由戚厂工程师谭友岑兼任。由此可知，第一灌溉区由几家相关机构共同管理，而考虑经验和具体事务办理，委员会下实际负责者为戚厂人士。[⑤]

为施行电力灌溉，戚厂供给高压配电 2.3 千伏或者 6.6 千伏，在戽水站负荷中心，建设变压器和高压总表，低压配电线 380 伏，由合作社与电厂合作经营。[⑥]灌溉的发展带动了电厂技术能力的发挥。戚厂的经营状况连年改善，原有的 2 台 3200 千瓦发电机满负荷运转仍无法满足增加的电力需求，新设备得以不断增添。1930 年 5 月购德国 A. E. G. 公司 3200 千瓦新发电机 1 台（3 号机），次年 8 月正式发电；1933 年底又购德国 A. E. G. 公司 7500 千瓦发电机 1 台（4 号机），1935 年 4 月正式发电。对武进及周边的市镇用电需求来说，当时的装机容量足够向农业用电的业务做扩展。

当然，从技术上说，电力灌溉的保证，很大程度上取决于输配电线路。戚厂位于武进和无锡之间，

---

① 中国国民党中央委员会党史委员会编辑：《张静江先生文集》，台北：中国国民党中央委员会党史委员会，1982，第 290—295 页。

② 何荣琨：《武锡区电力灌溉合作概况》，《合作界》1935 年第 1 卷第 7 期。

③ 曾养甫：《建设委员会曾副委员长养甫报告》，《建设》（南京 1928）1930 年第 7 期。

④ 中国国民党中央委员会党史委员会编辑：《张静江先生文集》，台北：中国国民党中央委员会党史委员会，1982，第 241 页。

⑤ 《建设委员会第一灌溉区委员组织章程（十八年十二月九日会令公布）》，《建设委员会公报》1930 年第 1 期。

⑥ 许萃群：《中国农村电气化的萌芽：锡常地区的电力灌溉》，《工程界》1948 年第 3 卷第 8 期。

西至武进 15 里，东至无锡 61 里，发电厂电压 6.6 千伏，经变压器升高至 33 千伏送至武进和无锡。两端设总配电所，沿线有三四处小配电所，将电压降至 2.3 千伏，供高压配电用。继而用杆线上变压器或小配电所，将电压降至 380 伏或 220 伏，再直接供用户使用。①

电力灌溉增加了戚厂的用户数量，需求也拉动了戚厂输电技术的升级与改进。随着用电日增，原有线路一根负荷过重，1930 年夏新建电线，在铁路北面，戚厂至无锡用钢芯裸铜线三根，电杆用钢塔及水泥铁筋杆两种，除钢塔上用挂式碍子外，其余皆用直脚碍子，线路遍及 15 市镇，纵横 489 里。之后输电线路、变压器不断增加，依照江南电气网计划发展，1934 年扩充常州无锡线路，1935 年架设常州至宜兴高压馈电线路，无锡东亭镇至安镇 11 千米放线完毕。1936 年 10 月武进向丹阳肇明电气公司售电“乃发展临邑实业，救济农村经济”，“确认设线供给该公司电流，颇有重大意味”。1937 年 5 月与苏州电气公司订立为期五年的互供电流合同，为建立太湖区电气网奠定了基础。②

有趣的是，戽水站的设备不是简单地引进电动机与抽水机，而是根据地势“因地制宜”，与农户原有的木船、小屋结合，建造为活动和固定两种样式，乡民称之为“活车头”和“呆车头”。“活车头”是将电动机及抽水机装在敞船上，通过流动接电戽水，此种多在无锡适用。“呆车头”需建造灌溉站房屋，电动机及附属设备与抽水机、电表等装于室内，此种须近河岸，土地坚实，适于安置电动机底脚，适于灌溉广大而集中地区，如武进、丹阳等县。

各戽水站水头 15—25 尺（1 尺等 1/3 米，下同）不等，备有电动机及戽水机各一具，装置于一相连之木架上，外部有变压器一具，多数以木架设于附近之木杆上。③电动机均是三相感应电动机（鼠笼式或滑环式），抽水机为 10 吋进水管的离心式抽水机（农民称“水风箱”）。④电动机的马力，灌溉 1000 亩且水头 30 尺以内用 15—20 匹马力，4500 亩则用 6—10 匹马力。每座戽水站灌溉 1000 亩左右，因地势影响，也可能仅 500 亩，或可达 2000 亩。⑤对于包田制用户，电厂提供电动机和戽水机。戽水 1000—2000 亩，用口径 10 吋进出水离心式戽水机，24 匹马力马达；戽水 500—1000 亩，用 8 吋进出水戽水机，16 匹马力马达；500 亩以内用 6 吋戽水机，8 匹马力马达。电动机和戽水机装于洋松木架上，架长 20—25 呎。⑥

戚厂发电设备和输电设备经过扩充，输电杆线不断延长深入乡村，1930 年在常锡两邑之农田以电力灌溉者增至 4 万余亩，增加农民生产成效卓著。⑦1936 年底，电力戽水站有 61 处，专用杆线 150 余里。但因经济问题，未能尽量发展。1938 年戚厂输电至丹阳，沿途各镇如新闸、奔牛、吕城、陵口均实行了

---

① 恽震、王崇植编：《中国各大电厂纪要》，建设委员会，1931，第 119—120 页。
② 建设委员会戚墅堰电厂编：《建设委员会戚墅堰电厂年刊 • 工程》，建设委员会戚墅堰电厂，1930。
③ 《电力灌溉之实验》，《政治通讯》（南京 1937）1937 年创刊号。
④ 许萃群：《中国农村电气化的萌芽：锡常地区的电力灌溉》，《工程界》1948 年第 3 卷第 8 期。
⑤ 谭友岑：《电力灌溉问题》，《首都电厂月刊》1936 年第 67 期。
⑥ 《戚墅堰电厂之电力农田戽水概况》，《太湖流域水利季刊》1929 年第 3 卷第 1 期。
⑦ 杨怀谷：《戚墅堰电厂调查苏州电厂办理农田灌溉报告》，《太湖流域水利季刊》1930 年第 3 期。

电力灌溉，丹阳一带亢旱的农田也变成肥沃良田。[1]此为农田之收获。

戚厂在为乡村灌溉供给电力的同时，农业用电也改善了戚厂的经营状况。戚厂在接收后的每度耗煤数及煤价较之前均有明显减少，且之后有逐渐降低趋势。另外，戚厂接管之初，发电容量为6400千瓦，荷载指数达62%，为中国各厂之冠，其灯电价每（1度即1千瓦小时，下同）一角六分二厘，电价最低者每度二分四厘，除上海外此价较国内任何电厂为低廉。[2]就戚厂本身经济性能而言，燃料占其支出绝对比例，发电输出比例高，损耗为8.6%。对于武锡区的电力分配，电力输出至武进占43%，至无锡为46.8%。

戚厂对当地农工业贡献甚大，比之一般以供应电灯用电为主的电厂，意义截然不同。戚厂自开办起即推行电力灌溉，使无锡、武进两县高地农田受惠。不过戽水收入在戚厂整个收入中所占比例不大，初时较高也不过4%而已，1937年则因国有企业转型等各种原因降至1.7%。

1930年4月，建委会令各省建设厅效仿戚厂成效卓著的电力灌溉，积极推行，以丰收获，并抄发戚厂电力农田戽水小册、建委会第一灌溉区委员会电力农田戽水章程及电力农田戽水站规程各一份。[3]国民政府接管后，以第一灌溉区为示范，推广电力灌溉。他厂仿行，皆见成效。由于常州、武锡地区电灌规模不断发展，第一灌溉区委员会在常州和无锡各组建灌溉指导所一处[4]，常州设事务主任、工程正副主任各一位，无锡设事务主任和工务主任各一位，“力为推广、尤著成效”[5]。第一灌溉区委员会核心业务是“办理苏省常镇一带机力灌溉事宜，除戚墅堰电厂原有戽水田亩约四万亩不计外，成立之初引用电力戽水之田，已达一万六千余亩，每亩年需灌溉费约一元二角左右，较用旧式灌溉方法可节省三四倍”。

随着政府的规划和推动，电力灌溉区的面积逐步增长（表1）。1931年政府提出“分别缓急、积极进行”灌溉工作方针，为改良扩充、增加效率，于1931年3月将第一灌溉区委员会改组为模范武锡区办事处，专司办理武进、无锡一带农田戽水事宜，与戚墅堰电厂商定戽水及用电合同，并计划芙蓉圩电力灌溉。同时，建委会筹办庞山湖灌溉实验场。1930年底查勘，组织测量，将场内沟渠堤围、农村布置、抽水机容量、稻作养鱼区域面积及厂屋位置等详细设计，分作两区办理，一区有成效再推广至二区。1934年，位于南京的首都电厂也安排在孝陵卫附近农事试验区开展电力灌溉[6]，次年该厂与江宁县政府合作办理 “电力灌溉委员会”，设计兴建水闸、架设杆线，装置电机工程，先由南京市及江宁自治实验县境内七桥瓮及沧波镇一带约七万亩产稻区域试办，施行电力灌溉与排水[7]。

该年，武锡区电力灌溉面积几乎达到峰值。从前几年供电与用电的情况来看，虽然亩均用电有所增加，但电费的涨幅却不大（图1、图2），这与政府对电灌的普及与电价控制有直接的关系。

---

① 许萃群：《中国农村电气化的萌芽：锡常地区的电力灌溉》，《工程界》1948年第3卷第8期。

② 电气事业处：《中国电气事业发展之鸟瞰》，《建设》（南京1928）1929年第5期。

③ 张人杰：《建设委员会训令：第二〇九号（中华民国十九年四月十日）》，《建设委员会公报》1930年第5期。

④ 《建设委员会之利农政策》，《中国建设》（上海1930）1930年第1卷第1期。

⑤ 张人杰：《建设委员会训令：第二〇九号（中华民国十九年四月十日）》，《建设委员会公报》1930年第5期。

⑥ 《设计委员俞亭呈为奉派会同首都电厂调查便民乡电力灌溉事宜由（十八年十一月二十日）》，《建设》（南京1928）1930年。

⑦ 《筹办电力灌溉与排水》，《首都电厂月刊》1937年第73期。

表 1 武锡区年度电力灌溉面积（建委会统计测算，1925—1936 年） 单位：亩

年份	灌溉面积
1925	10 809
1926	39 514
1927	42 713
1928	42 885
1929	38 880
1930	49 042
1931	45 907
1932	45 812
1933	46 000
1934	不详
1935	不详
1936	约 50 000

资料来源：《模范灌溉武锡区办事处电力灌溉之推行》，《中国国民党指导下之政治成绩统计》1936 年第 9 期

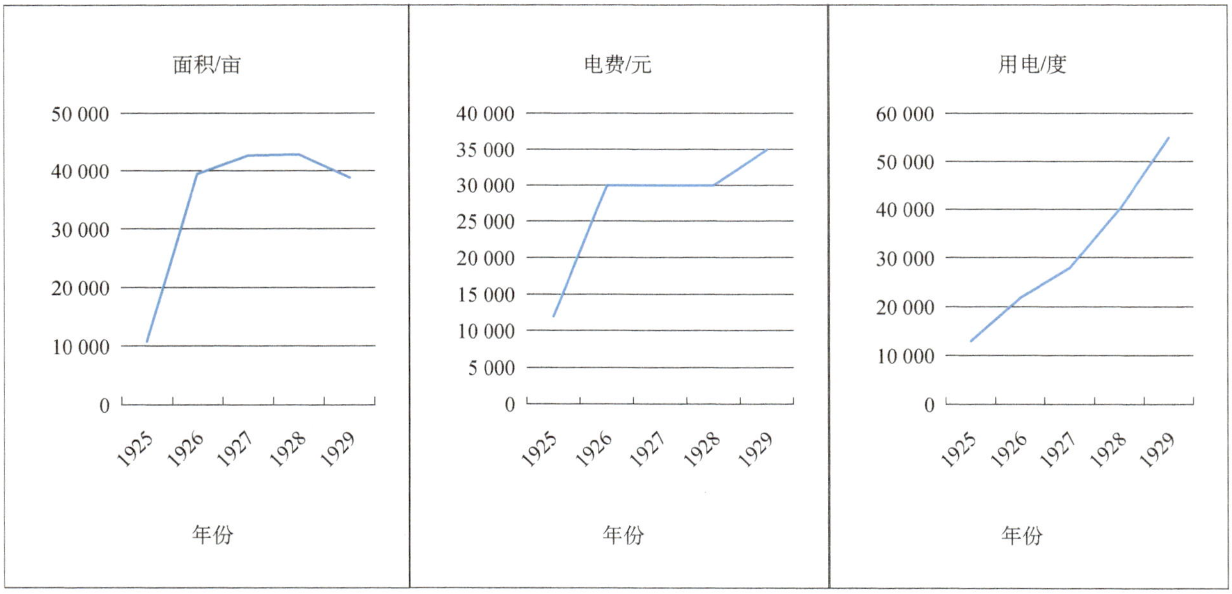

图 1 武锡区电力灌溉面积、电费与用电量年度走势图（1925—1929 年）

资料来源：戚墅堰电厂：《戚墅堰电厂电力农田灌溉之成绩》，《电力》1930 年第 1 期

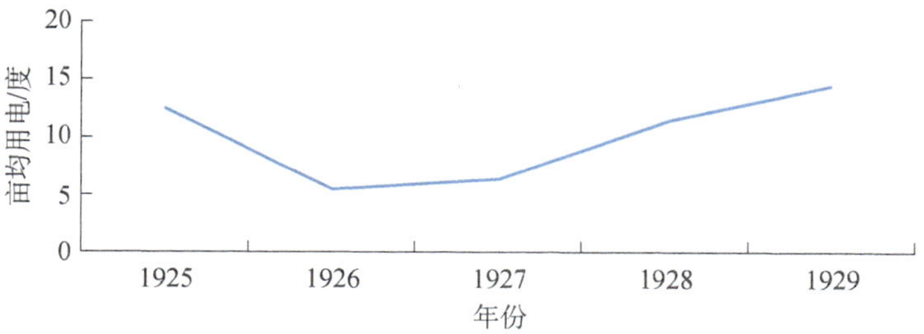

图 2 武锡区电力灌溉亩均用电量年度走势图（1925—1929 年）

电力灌溉之收获，稳定且显见，较用人力、畜力所得可加增 1/2，若遇旱年，则加增达 2—3 倍。[①]如 1925 年、1926 年，沪宁一带大旱，河水过浅已无法以人力或牛力戽水，唯电力能引足量水，人力或牛力戽水平均亩产稻担数仅 200 斤，电力则为 700 斤。1928—1930 年雨水正常，人力或牛力戽水的平均亩产为 500 斤，电力仍为 700 斤。按一般情形估算，在苏南农村单季水稻用人工数中，灌溉占 1/10—1/3。[②]若改电力，减省人力或畜力是毋庸置疑的。电力灌溉每亩合 1.56—1.7 元/亩，每百斤稻以 6 元计，1925 年、1926 年平均电力比人力牛力戽水每亩多得 21 元，1928—1930 年平均每亩多收入 9 元。[③]由此可见，电力灌溉可以稳定确保较高的产量，增加卖粮收益。

随着推广普及，农户对电力灌溉趋向主动。1934 年大旱，武进东南乡电力灌溉区庶免于旱灾为害，更多持观望态度的农民“注意到电力灌溉要比人力车水、牛力推水及机船戽水要先进得多”[④]，湖塘、蒋弯桥等地开始试用电力灌溉。同年武锡处为苏州建成汲水站申请供电。[⑤]1935 年，常熟乡农主动请求放电灌溉。[⑥]1937 年春，南夏墅在钱伯显的推动和出资下开办三处电力灌溉，共计 4000 多亩，至 1945 年又陆续建成近十处灌溉站，日本投降后，主动要求或申请者又不下 20 处。至 1948 年止，南夏墅电灌办事处管辖范围共有 30 多处电灌站。[⑦]

更为重要的是，电力灌溉直接推动了“乡村电气化”的进程。此前，建委会电气事业处对“电气事业之管理及发展”还停留在畅想阶段。[⑧]经过两三年的时间，政府已建立灌溉试验场、设立并调整管理机构、广泛调查测量、树立模范并逐步推广，行动上积极推动，将价廉的电力供给乡村，将输电线延伸至所需各处。农业与农村的用电需求增长，不仅“电化”农田，家庭用电也有所期盼。至全面抗战前，电

① 电气事业处：《中国电气事业发展之鸟瞰》，《建设》（南京 1928）1929 年第 5 期。
② 曹幸穗：《解放前苏南地区的农田耕作与农具》，《古今农业》1992 年第 2 期。
③ 王振汉：《电力灌溉与民食问题》，《商业杂志》（上海 1926）1930 年第 5 卷第 8 期。
④ 钱伯显：《解放前南夏墅地区电力灌溉站的兴办》，载中国人民政治协商会议江苏省武进县委员会文史资料研究委员会：《武进文史资料》（第 8 辑），1987，第 132 页。
⑤ 张人杰：《关于水利灌溉事业案：建设委员会指令：第九二〇号（中华民国二十三年九月七日）》，《建设委员会公报》1934 年第 45 期。
⑥ 《乡农请求放电》，《申报》1935 年 1 月 12 日，第 11 版。
⑦ 钱伯显：《解放前南夏墅地区电力灌溉站的兴办》，载中国人民政治协商会议江苏省武进县委员会文史资料研究委员会：《武进文史资料》（第 8 辑），1987，第 141 页。
⑧ 电气事业处：《中国电气事业发展之鸟瞰》，《建设》（南京 1928）1929 年第 5 期。

力灌溉的益处已成为多数人的共识。

然而，如果考虑投入与产出，电力灌溉的发展在当时并不总能令人乐观。建委会代表政府制定的《电厂戽水营业章程》虽意在推广电灌，却也有不利于小农户的条款，如“戽水农田每一地点以一千亩为最少数（如有特殊情形另行核议）订立合同以五年为率”，而每年“至少以六个月为租用时期”；此外还需考虑电杆等设备费“每里三百元”；等等。①这些规则难免会削弱小农户的积极性。就结果来看，灌溉收益增长有限，推广进展也并不理想。②在武进、无锡两地，采用电力灌溉的农田不足 5%。③

此项事业不如预期发达，原因较为复杂，主要有如下因素。

其一，最需电力灌溉的农田为高地高田，武进多数地势较高，无锡仅中部稍高，需用戽水。近电厂线路附近之高田较早引用戚厂电力，而平地者，欠缺广泛引用电灌的动力。

其二，受天气影响大，天旱需求大，即便平地也需要灌溉，不旱不涝则接洽者绝迹。

其三，商人承包办理，发生瞒报田亩和电费导致救旱不及时，失去乡民信任，同时农民除负担电费外，还需缴戽水站管理费、戽水站房屋、水沟、机件修建、杆线设备等相关费用，削弱了申办的积极性。

其四，电厂承担架设杆线、配备变压器、电动机的费用，设备还需维护折旧，而廉价的收费，致使电厂收益欠丰、几无所余，积极性不高。

其五，建委会投资项目过多，摊子铺得过大，导致负债过重、难以为继，1937 年将下属企业首厂、戚厂及淮南煤矿与铁路作为国有企业私营化试点，募集商股并将政府投入资金抽出改作他用。④戚厂因此归属扬子电气公司，同年随着日军侵华又被日本人掌控，经营一度混乱，电灌事业亦受到严重挫伤。

其六，国民政府倡导办理农田灌溉事业后，各地开始发展电灌，一般三五百至千亩设一抽水站，然欠缺规划，布置分散，设备简陋，大机小泵，电力浪费，输电线路既乱又长，未形成良性的规模化发展，这些积弊直到新中国成立后才得以更除。⑤

五、结　　论

20 世纪 20—40 年代，中国电力工业初获发展，农村用电虽不及城市与工业用电迅猛，但电厂与政府均有推广的意愿。彼时，欧美、苏联等工业大国的乡村电力建设也刚进入初兴时期。

武锡区等中国局部地区的灌溉步入电气化阶段，不仅时代较早，推行速度似乎也超过一般行业。虽几经努力，江南农业从电力灌溉中确有收益，电厂也有所获利，但总体成效有限。电灌面积在全部机灌面积中占比约一半，武锡区的受益人数仅有 3000 余人，可见电力灌溉在整个农业生产中所处地位远未达

---

① 建设委员会戚墅堰电厂：《戚墅堰电厂电力农田灌溉之成绩》，《电工》1930 年第 1 卷第 1 期。

② 谭友岑：《电力灌溉问题》，《首都电厂月刊》1936 年第 67—70 期。

③ 任培元：《试办中之武锡电力灌溉》，《益世报》1935 年 7 月 27 日。

④ 郑会欣：《扬子电气、淮南矿路两公司的创立与国有企业私营化》，《历史研究》1998 年第 3 期。

⑤ 何国才：《从水车提水到机电排灌——武进县机电排灌的发展》，载中国人民政治协商会议江苏省武进县委员会文史资料研究委员会：《武进文史资料》（第 8 辑），1987，第 144 页。

到能够取代其他灌溉方式的程度。[①]电泵虽是代表当时先进的排灌设备，可是本案例研究表明，新技术与新产业的引进与推广，并不总取决于新技术相比传统高技术的先进程度，而在很大程度上受传统习惯与经济因素的影响。

首先，农户对电力灌溉的需求，是能够提高产量并减省人力与成本，而不是该技术先进与否。民国初期，自产米粮难以自给自足，利用电力灌溉曾被认为能够“数倍提高耕作效率和增收的根本办法”。[②]而实际效果并不十分理想，农村电气化自然没有立刻成为“电力革命”的一部分。

其次，相较传统方式，电力灌溉虽有便利、马力足的优势，但电力设施、设备、人员的一次投入不菲，而使用与维修并无显著优势。对于电厂而言，前期投入大，季节性强且收效慢，有胜于无，积极性不高。对于农户而言，传统方式技术门槛低，成本稳定，容易掌握，电力灌溉总体上可有可无，并不是“刚需”。武锡两县电灌开办期间，传统“三车”的使用仍占主流。马寅初在研究“大工业之外同时维持小工业”议题之时，特意评点了武锡区电力灌溉一事，认为其结果证明“小工业不必事事使用机器”。[③]也就是说，若非必要则不用机器灌溉，在经济上反而是利民的。

其实，使用机器并非利民与否的关键。电力灌溉之于农业，先天具有公用事业的特色，从国内外的实践来看，非政府主导不可，非有统一的长远规划不可。美欧与苏联莫不如此。当时武进县政府乜有此认识：“电力耕田、戽水计划，纯系政府设备。我国一时尚无此希望。”[④]对于电厂而言，电灌需要前期投资沿路杆线、变压器等设备，而灌溉用之电力售价低廉，是薄利的营生，如要将此“畏途”变为实现理想之事业，电厂需在投资前做到充分勘测和设计规划。而要广泛推广，政府层面不仅要有力地推动和宣传，出台相关辅助政策和规定，还要有切实的政策性补贴。中国电灌始于民营自发，后维系于国民政府。其间，国民政府缺乏统一而强力的管理机构，即便模范灌溉区，也介于官督和商办之间，农民之利难保，痼疾难除。

20 世纪 30 年代前后，乡村建设在国内颇受各界推崇，从平民教育、文化复兴到实业民生，不一而足。民国政府虽然看中“电力灌溉，乃近今乡村电（气）化之萌芽”[⑤]，但灌溉事业远未一帆风顺，农村电气化的其他方面，如电气耕作、农产品加工、家庭照明等方面的实施则更不理想。民国时期看似“超前”的农村电气化之举，受限于多种因素，并未能真正实现“跨越式”发展。

20 世纪 50 年代之后，中国不论发展农田水利，还是推广农业用电，其结果与前数十年迥然不同，政府主导、重工业先行、成本控制、适用技术等各方面所起的作用非常显著。由此可知，20 世纪中国的社会变革与工业化，不是一幅简单的“开端加延续”的历史图景，其间确实存在“划时代”的发展轨迹。这是另外的话题，本文不再赘述。

---

① 谢惠舟：《本行在武进办理电力及机器灌溉情形》，《本行通讯》1947 年第 160 期。

② 曹博如：《电力灌溉与农村复兴》，《中国实业》1936 年第 2 卷第 1 期。

③ 马寅初：《战时经济论文集》，上海：作家书屋，1945，第 95—101 页。

④ 《计划中之新武进》，《武进年鉴》，武进县建设局，1928，第 4 页。

⑤ 清波：《乡村电化之趋势》，《首都电厂月刊》1935 年第 48 期。

走出萧条：和丰纱厂的困境与重生（1923—1937年）

褚芝琳　严　鹏

摘　要：和丰纱厂是近代宁波最大的棉纺织企业，成立之初即带有鲜明的地方特色。作为地方性企业，和丰纱厂在1923年开始的棉纺织业萧条背景下，因区位的特殊性，受原棉掣肘与内部工人的对抗而逐步跌入经营的谷底，并因盲目追逐利润而错误转型，在经济危机的连锁反应下走向崩溃。而面对20世纪30年代的全面萧条，股东之一的俞佐宸主动担当总经理大任，动用了他在甬、沪两地的同乡关系，使和丰纱厂获得了同乡金融机构垦业银行的资金支持，并成功地削弱了工人的对抗，逐步推进了产品的转型与升级，使得和丰纱厂把握时机再度繁荣。和丰纱厂的经营历程为透视经济危机大背景下行业的生存状况提供了又一视角，也全面展示出同乡商人的救济与扶持对地方性企业摆脱危机的重要性。

关键词：和丰纱厂；地方性企业；萧条；经济危机

褚芝琳，清华大学人文学院历史系

严鹏，华中师范大学中国工业文化研究中心

20世纪20年代，随着第一次世界大战带来的棉纺织业繁荣逐渐散去，民族纱厂很快陷入了1923年开始的行业萧条。该时期，除了部分民族纱厂采取了“内陆转向型”策略[①]，大多数的纱厂都一蹶不振。在1928—1930年市场的短暂回温后，几乎所有的民族纱厂都陷入了经济大危机带来的农业、金融业以及民族棉纺织业之间循环关系的崩溃。[②]该时期由于农村购买力的持续下降以及银行业面临的银根紧缩问题，民族纱厂对外既无法向农村有效输出产品，又无法从银行轻而易举地获得贷款，对内则陷

① 森时彦的研究指出，为了应对粗纱生产过剩致使花纱倒置而带来的萧条问题，部分民族纱厂为了避开在沿海地区与日资纱厂以及进口纱在粗纱领域的竞争，将厂设在内地，以缩短和原棉生产地及粗纱消费地农村的距离。在这种情况下，选择后者的民族纱厂甚至到1931年为止，一直维持着良好业绩，获利丰厚，仿佛再度迎来“黄金时期”（〔日〕森时彦：《中国近代棉纺织业史研究》，袁广泉译，北京：社会科学文献出版社，2010，第375、378页）。

② 〔日〕城山智子：《大萧条时期的中国：市场、国家与世界经济（1929—1937）》，孟凡礼、尚国敏译，南京：江苏人民出版社，2010，第142页。

入了劳资之间的紧张关系。根据严中平的估计，在20世纪30年代的萧条中，能够维持营业而不经失败异动的华厂，恐怕不上十家，大多数都是不堪赔累。①

面对不利的经济大环境，本文的研究对象和丰纱厂在1923年开始的行业萧条中同样应对不当②；后期，当民族纱厂普遍陷入经济大危机的泥潭时，和丰纱厂却能够平稳过渡，迎来一次辉煌。那么和丰纱厂在应对行业萧条时，为何会应对不利走向崩溃？之后在面临大危机时，又如何改革弊端渡过难关？通过对和丰纱厂档案及其他史料的梳理，本文认为和丰纱厂作为地方性企业③，与所在地的联系以及和同乡商人的紧密交互对它在特殊时期的经营产生了重要的影响。

以往棉纺织业的相关研究，多集中于对20世纪30年代经济大危机这一时期棉纺织业生存情况的探讨，而较少关注到大危机前长达数年的行业萧条；此外研究的对象多为大型棉纺织企业集团，而对地方性棉纺织企业的研究则较为薄弱。④基于现有的研究状况，本文重点关注1923—1937年和丰纱厂的经营动向：一方面，通过长时段的研究，观察两个萧条时期和丰纱厂的策略抉择，思考行业萧条对和丰纱厂陷入经济大危机的影响；另一方面，本文将视角放置在地方性企业的特点上，回顾和丰纱厂早期的经营历程，揭示出和丰纱厂作为宁波的地方性企业，自诞生之初就存在与宁波商人间的密切联系，并重点考察宁波商人的扶持与救济对和丰纱厂摆脱危机的重要意义。从上述思考出发，本文认为和丰纱厂作为地方性棉纺织企业的个案价值，除了为认识特殊时期该行业的生存状况提供又一视角外，也为认识近代以来宁波商人独特的商事习惯以及经营风格提供又一参考。

一、和丰纱厂的成立与早期经营（1905—1922年）

作为率先吹到通商之风的城市，宁波孕育了近代以来影响力最大的商人团体之一——宁波帮。凭借

① 严中平：《中国棉纺织史稿》，北京：商务印书馆，2011，第290页。

② 和丰纱厂是近代宁波乃至浙江地区最大的棉纺织企业，被誉为“甬上工厂王”以及“三支半烟囱之首”。前期有关和丰纱厂的研究，如丛巍的《近代浙江民族工业发展的宝贵见证——清末宁波和丰纱厂老股票的历史解读》（《文物春秋》2013年第1期），以和丰纱厂发行的老股票为切入点，窥探和丰纱厂在股份制下的运作情况，是较早对和丰纱厂进行个案研究的代表性论文；温跃卫、孙善根的《顾元琛与宁波和丰纱厂》（《浙江纺织服装职业技术学院学报》2019年第3期），主要在于探究和丰纱厂前期领导人顾元琛带领和丰纱厂走向第一个黄金发展时期的杰出贡献，着重突出顾元琛所代表的和丰企业家精神；温跃卫发表的《近代报刊中的“和丰”》（《名作欣赏》2019年第20期），梳理了1905—1920年《申报》《时事公报》《宁波民国日报》中有关“和丰”的报道，还原和丰纱厂在该时期的发展历史。上述成果基本为传统企业史的研究范式，即从股票、企业家精神等为切入点来探讨企业的经营管理问题。

③ 一般而言，地方性企业是分布在一定地区（省、市及以下地区）之内的企业，与区域性企业、全国性企业相比，它往往有几个比较鲜明的持点：其一，经营资源要素主要来源于地方，依靠地方解决（特别是某些需要特殊）原料和专门技术，而各种原料和技术都集中在某一地区范围内；其二，产品消费市场以及经营服务活动的对象主要在地方，并在一个地区范围内具有普遍性；其三，虽有面向其他地区的经营业务活动，但总体经营规模相对较小，不需在其他地区设立分支机构（黄孟藩、贾履让、张魁峰，等主编：《中国商务知识大全》，北京：中国商业出版社，1994，第32页）。显然，地方性企业与所在地的联系往往会对它的经营产生重要的影响，尤其是企业的原料等与当地的地理环境密切相关。

④ 对棉纺织企业在1923—1937年经营动向进行研究的代表性论文成果，如姜平：《1933年南通大生纱厂大裁员始末》，《中国经济史研究》2005年第3期；高超群：《科学管理改革与劳资关系——以申新三厂和民生公司为中心》，《中国经济史研究》2008年第3期；徐锋华：《民族企业的涉外纠纷与生存策略——以上海申新七厂拍卖案为个案》，《史林》2011年第3期；徐锋华：《企业、政府、银行之间的利益纠葛——以1935年荣氏申新七厂被拍卖事件为中心》，《历史研究》2011年第6期；等等。由上可见，关于这一时期的棉纺织业研究，学者的侧重均是在经济大危机时期，而研究对象主要集中于以申新集团、大生集团为代表的棉纺织企业。

与上海在地域上的接近，宁波商人的金融事业迅速起飞，并基于血缘、地缘、业缘等，建构起同乡之间错综复杂的联系。由于经商可图速利，故而宁波商人在早期很少愿意经营工业，直到严信厚在宁波当地创办“通久源纱厂”才打破了这一局面，而和丰纱厂的历史也要从这里开始追溯。

作为宁波帮的开山式人物，严信厚毫无疑问是游刃于商界的典型。凭借李鸿章的信任，他从一个候补道身份的小小经理成为掌握源丰润票号及恒隆、德源、裕源、信源、永源等十数家钱庄的金融大亨，并积极筹办保险和银行业务。正是在资金雄厚的前提条件下，他认为洋布倾销反而是国内棉纺织企业发展的商机所在，故而积极联络同乡商人周晋镳、汤仰高、戴瑞卿等，筹集45万银两（其中源丰润票号向该厂投资8.4万两）①设立通久源纱厂（以下简称“通久源”），严信厚还通过与盛宣怀的特殊关系取得特权，该厂每年向清政府缴纳7000元“厘税”后，可免除关税，直接通过浙海关出口。

显而易见的是，严信厚除了顺利招揽同乡富商巨贾为通久源的开办筹集资本，也实现了源丰润票号对通久源的资金扶持，并积极寻求盛宣怀的关系庇佑为通久源保驾护航。作为当时宁波地区仅有的棉纱厂，通久源生产的“龙门”牌棉纱畅销甬、绍、温和福建各地，生意畅达，获利甚丰，几年后又扩大了6000枚纱锭。通久源的成绩亦为外商注目，他们认为这是当地工业界“最值得注意的事”。②

但西方列强通过在华投资设厂，不断掠夺廉价劳动力和资源，同时也向中国不断倾销洋纱。在这样的局势下，通久源风光不再，恰在此时，原股东戴瑞卿与严信厚家族发生利益冲突，他不肯屈服于严家，故而准备另起炉灶。戴瑞卿的主张得到了好友顾元琛的支持。顾氏当时任宁波招商局总办，竭力提倡“抵制外溢之利，供给内地之用，以养地方食力之民”的主张③，因此他大力支持戴瑞卿开办纱厂。顾、戴二人共同邀集了周熊甫、郑岳生等463户股东，筹集资金60万银元，于1905年3月，成立了和丰纺织股份有限公司（即和丰纱厂），公司共有股份6000股，每股100元，其中戴瑞卿一人独占1000股。④当时《申报》报道了清政府商部批准和丰纱厂立案的消息：“据禀纱布为日用大宗，宁波为通商要埠，该职商等拟集股份设立和丰纺织有限公司，系为讲求实业、便益民生起见。”⑤在经历了两年的筹备之后，和丰纱厂于1907年正式开工。

与通久源相似的是，戴瑞卿在筹集资本时，亦注重于招揽同乡好友。筹资开厂的大股东多数为宁波当地有名的士绅和商人，如屠景三、范清笙、张让三等，他们在各个行会组织均有相当之地位，如表1所示。

---

① 宁波市政协文史委员会编，谢振声编著：《严信厚及其家族》，宁波：宁波出版社，2013，第14页。

② 《海关十年报告（宁波，1882—1891年）》，载陈梅龙、景消波译编：《近代浙江对外贸易及社会变迁——宁波、温州、杭州海关贸易报告译编》，宁波：宁波出版社，2003，第64—65页。

③ 宁波市民建、工商联史料组：《宁波和丰纱厂的创建与演变》，载中国人民政治协商会议宁波市委员会、文史资料研究委员会编：《宁波文史资料》（第3辑），宁波：浙江人民出版社，1985，第80页。

④ 厂史编写组：《和丰史》，1990年10月，宁波市档案馆藏，企业资料类档案，Q1-105-008。

⑤ 《宁波和丰股份纺织有限公司》，《申报》1905年10月18日。

表 1　和丰纱厂成立时部分大股东籍贯及从业背景

姓名	籍贯	从业背景
戴瑞卿	宁波鄞县	商人，祖上为“北号”巨头，经营地产和商号
顾元琛	宁波鄞县	绅商，先后主持宁波招商局、四明银行
屠景三	宁波鄞县	商人，在甬、沪等地从事纺织、百货等业，旅沪同乡会成员
范清笙	宁波鄞县	绅商，成立鄞邑自治会，主管公共事务
张让三	宁波鄞县	士绅，清末幕僚，1904 年起任上海南洋公学总理、宁波教育会会长、宁波旅沪同乡会会长

从表面上看，戴瑞卿确为响应政府号召，发展实业以振兴民族，但作为商人，民族情怀很大程度上也建立在盈利需求上。“和丰”一名的深度解读来自“和众丰财”一词。“和众”在宁波方言中，意指大家、大众；“丰财”则意为财源茂盛、财源广进。[①]戴瑞卿深知棉纺织厂是获得利益的捷径[②]，有意跳出与严信厚和通久源相关的利益关系，并培植另一股同乡势力，在同地与通久源形成对抗。在后期，两者的竞争是极为激烈的，但其实在很长一段时间内并未分出胜负，直到 1917 年一场意外的大火使得通久源几乎化为灰烬。这场大火是否真的属于意外已无从考证，但却使得和丰纱厂成为这个事件的最大赢家。由于严信厚在 1906 年去世，他的侄子严渔三无力复厂，因而决定放弃通久源。在顾元琛的建议下，为了趁机收购通久源实现一家独大，和丰纱厂的股东以 24 万银元的代价，于 1918 年 8 月把通久源火后的设备、地产，连同以前和丰周围的 90 亩地皮全部收购，甚至招揽了通久源的工人来和丰纱厂做工。[③]

由于扫清了对手，在随后到来的“一战繁荣”中，和丰纱厂在浙东地区独占鳌头，1919 年盈利高达 140.55 万元。在该年，和丰纱厂董事会开展大规模的企业福利建设，除成立体恤家庭贫苦人员的恤嫠会外，还购买土地，建造公房，解决部分员工的住房难问题。1920 年，和丰纱厂继续抓住棉纱市场的热销势头，实行日夜两班制，加紧生产，并实行包括“优胜奖励法”“礼拜奖励法”在内的奖励措施，刺激工人热情，赚取高额利润，本来产棉纱只有 1 万余件的和丰纱厂，产量剧增到 1.5 万件，获利高达 152.29 万元，是和丰纱厂私营时期利润最多的一年，超过前十年的利润总和。[④]和丰纱厂也趁机再置地产 20 亩，以 390 亩的土地拥有量成为全国拥有“地产”最多的纱厂，自此和丰纱厂真正成为浙东地区首屈一指的纱厂。

由上可见，无论是通久源还是和丰纱厂，它们早期的发展与核心领导者寻求同乡关系的支持密不可分。当然，同乡支持的强大与否取决于它们背后所能够为企业调动的资源与人脉，通久源的由盛转衰与严信厚本人的缺位不无关联。在这种情况下，和丰纱厂对其收购也可谓水到渠成。同时值得注意的是，严信厚早期通过其名下金融机构对工业实行扶持的方法与手段，在后期也逐渐成为宁波商人经营的一大特色；而顾元琛时代在和丰纱厂内部采取扩张、奖励与福利的措施，亦成了和丰纱厂在后期效仿的办法。在 1923 年的行业萧条来临前，和丰纱厂的领导者已经扫除了与之旗鼓相当的外部同乡势力，并在宁

① 宁波市江东区档案局、宁波市江东区政协教文卫体和文史委员会编：《百年和丰》（上），宁波：宁波出版社，2013，第 15 页。

② 宁波市政协文史委员会编，谢振声编著：《严信厚及其家族》，宁波：宁波出版社，2013，第 15 页。

③ 《宁波和丰纱厂董事会议事录》，1918 年 4 月 28 日，宁波市档案馆藏，宁波和丰纺织厂档案，314-001-002-083。

④ 厂史编写组：《和丰史》，1990 年 10 月，宁波市档案馆藏，企业资料类档案，Q1-105-011。

波一地形成垄断地位。但暂时的繁荣过后，和丰纱厂很快就面临了新的困局。

二、困境（1923—1933 年）

第一次世界大战后，棉纺织业在度过了短暂的黄金时期，很快就进入了“ 1923 年萧条”，这场萧条最主要的促因就是“花贵纱贱”。森时彦指出，能够应对该时期危机的在华纱厂主要分为产品转型（由低支粗纱转高支细纱）与地域转移两大类。[①]对和丰纱厂而言，尽管它的消费市场也广泛分布于内陆的川、湘、鄂、桂等地[②]，但它却并不容易做出类似的策略选择，这与它的区位有着密切关联。由于使用粗纱的原料与工人大多是从宁波当地收购与招募，故而轻易放弃就近原料与本土劳动力有极大风险。而主打粗纱产品以及对粗纱原料的依赖也使得它并不完全具备产品转型的勇气。正因如此，和丰纱厂不得不在危机前期承受本地原料供应断裂的困扰以及近邻上海工人运动的影响。由于工头制的固有弊端，同乡工人在共产党的领导下与资方形成了对抗，并逐渐将外乡工人吸引到自己的势力范围下，这使得和丰纱厂接连亏损。

而 1928—1930 年的市场回温期暂时缓解了和丰纱厂前期的胶着局面，但也彻底麻痹了它。和丰纱厂鉴于之前原料以及工潮的困扰，采取了花纱投机的手段与废除工头制，改用工程师制。然而，上述的应对既非生产的本质转型，亦未真正有效地解决工人的潜在需求，故而埋下隐患，最终使得和丰纱厂在经济大危机下走向了崩溃。

（一）原料的困扰：余姚棉对经营的掣肘

与大多数的民族纱厂一样，和丰纱厂的主要产品是 10 支与 12 支的粗纱。[③]对余姚棉的极度依赖[④]，使它在同等情况之下更易受到余姚棉生产状况的支配。和丰纱厂之所以会选择余姚棉作为自己的主要原料，一方面是因为余姚棉色泽洁白，虽纤维粗短，但适合做粗纱的原料，与和丰纱厂的生产方向一致；另一方面，余姚与和丰纱厂所在的江东冰厂同处宁波大市范围，距离较近，可以最大限度地减少运输成本。余姚棉早年享有盛誉，“在棉业市场中，颇有相当之地位”[⑤]，“横滨及长崎二地商人为余姚棉最大之主顾”[⑥]。因此余姚棉的生产情况，又与花纱市场的价格密切相关。有学者研究指出，日本棉纺业兴起后，国内原料供给不足，中国是其重要原料供给地。虽然棉花出口量占国内总产量比例不是很大，但其

---

① 〔日〕森时彦：《中国近代棉纺织业史研究》，袁广泉译，北京：社会科学文献出版社，2010，第 264、270 页。

② 《宁波和丰纱厂纪略》，《宁波旅沪同乡会月刊》1929 年第 77 期。

③ 《中国近代纺织史》编辑委员会编著：《中国近代纺织史》（下），北京：中国纺织出版社，1997，第 244 页。

④ 关于和丰纱厂的原料来源，民国《鄞县通志》明确提到和丰纱厂原料大部分为余姚棉（转引自乐承耀：《宁波农业史》，宁波：宁波出版社，2013，第 360 页）。据 1929 年的详细数据，和丰纱厂年耗棉花 95 828 担，其中余姚棉 73 200 担、陕西棉 6167 担、印度棉 16 461 担，价值 445.82 万元。参见宁波市地方志编纂委员会编，俞福海主编：《宁波市志》（中），北京：中华书局，1995，第 1069 页。综上可以看出，余姚棉为和丰纱厂的主要原料，故而余姚棉的数量与质量直接关系到和丰纱厂的总体经营。

⑤ 方君强：《浙江棉业之前途》，《浙江省建设月刊》1931 年第 5 卷第 4 期。

⑥ 雷平一：《浙江之棉业》，《钱业月报》1933 年第 13 卷第 11 期。

对中国国内棉花价格来说确是个重要的制约因素。[①]这就表明，如果余姚棉收成不佳，极有可能导致花纱市场的价格波动，间接促成花纱倒置的局面；而外商对余姚棉的采买，亦会对国内花纱价格造成间接影响。那么，和丰纱厂在余姚棉受限的情况下，不仅缺失重要原料，而且需要面对花贵纱贱的困局，另寻其他种类的棉花进行替代，这对它来说无疑是巨大的挑战。

余姚棉的产地位于宁波，宁波夏季复杂多变的气候为其产量的不稳定增添了风险。1922 年夏季，受台风的影响，宁波暴雨成灾，导致余姚棉歉收。在余姚棉存量不足的情况下，和丰纱厂就另寻印度棉加以替代，最后勉强撑过 1922 年，但该年获利仅 40.93 万元[②]，比起上年骤减 30 万元，这已经初步体现出在原料短缺加上花纱倒置下和丰纱厂经营所受到的实质冲击。但是 1922 年的库存很快就消耗殆尽，花纱倒置的市场大背景依然没有得到改变，到了 1923 年的上半年，由于存花不足，只能停工待时。[③]到了下半年，余姚棉收成尚好，然而被外埠争相采办，导致价格骤昂。[④]此种情况下，和丰纱厂不敢多进棉花，只能惨淡经营，全年获利仅 30.46 万元，利润较之去年再度下降。而未及时补进库存姚花，又直接影响到 1924 年上半年的经营，和丰纱厂只能再度从印度棉上寻找出路，但是花贵纱贱的市场行情阻碍和丰纱厂获利，待行情稍转已然入冬，全年仅获利 17.69 万元。[⑤]这种情况在 1925 年依然持续，上半年花贵纱贱，销路停滞，恰逢省内棉花又歉收，只能采购印度次棉，来补棉花的不足。[⑥]到了秋季，纱市略有转机，但入冬纱价复跌，又难获利[⑦]，全年盈余跌至 8 万余元。浙江地区棉产情况与和丰纱厂 1921—1925 年的经营状况，如图 1 所示。

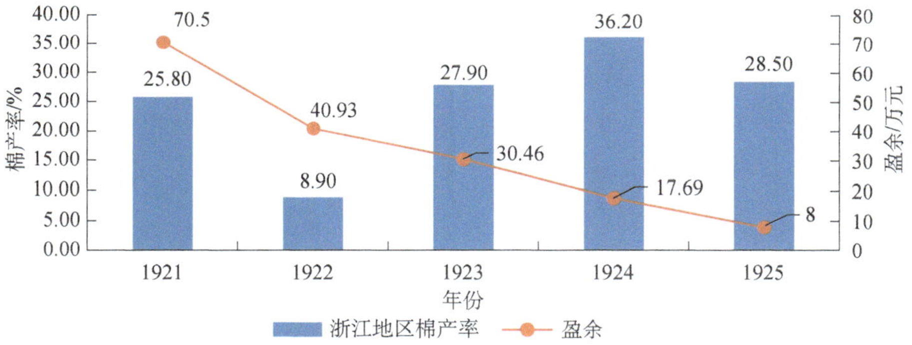

图 1　1921—1925 年浙江地区棉产率与和丰纱厂盈余状况变化图

资料来源：宁波市档案馆藏：《宁波和丰纱厂董事会议事录》，全宗号：314；宁波市民建、工商联史料组：《宁波和丰纱厂的创建与演变》，载中国人民政治协商会议宁波市委员会、文史资料研究委员会编：《宁波文史资料》（第 3 辑），宁波：浙江人民出版社，1985，第 84—85 页；方显廷：《中国之棉纺织业》，第 34 页

注：目前尚无关于余姚棉产量的单独数据，据方显廷《中国之棉纺织业》中的说法“浙江普通即称为余姚花”（第 32 页），且余姚棉占浙江地区棉产的大宗，故在此用方显廷统计的浙棉产量来反映相关问题

① 樊卫国：《市场歧变、行业困厄与企业习俗——论 20 世纪二三十年代市场危机中的华商棉纺业》，《社会科学》2014 年第 5 期。
② 《宁波和丰纱厂董事会议事录》，1923 年 4 月 22 日，宁波市档案馆藏，宁波和丰纺织厂档案，314-001-003-030。
③ 《宁波和丰纱厂董事会议事录》，1923 年 8 月 28 日，宁波市档案馆藏，宁波和丰纺织厂档案，314-001-003-040。
④ 《宁波和丰纱厂董事会议事录》，1924 年 4 月 12 日，宁波市档案馆藏，宁波和丰纺织厂档案，314-001-003-048。
⑤ 《宁波和丰纱厂董事会议事录》，1925 年 3 月 29 日，宁波市档案馆藏，宁波和丰纺织厂档案，314-001-003-062-063。
⑥ 厂史编写组：《和丰史》，1990 年 10 月，宁波市档案馆藏，企业资料类档案，Q1-105-015。
⑦ 《宁波和丰纱厂董事会议事录》，1926 年 3 月 10 日，宁波市档案馆藏，宁波和丰纺织厂档案，314-001-003-072。

由图 1 可知，1922 年因灾害歉收而导致浙江地区棉产量锐减，和丰纱厂的经营出现了一个大滑坡。但和丰纱厂在浙棉产量持续走高的 1923—1924 年并没有实现好转，相反盈余持续走低，这是因为在“花贵纱贱”和外商大量采买的市场行情下，国内余姚棉的价格被哄抬，和丰纱厂不敢大量进花，导致存花不足，影响获利。1925 年余姚棉再度歉收，使得和丰纱厂继续面临原料短缺的困顿局面。纵观 1922—1925 年和丰纱厂的经营情况，可以发现余姚棉紧缺和持续的花纱倒置的市场走向无疑对和丰纱厂的经营提出了巨大考验，在余姚棉产量和库存不足的情况下，和丰纱厂被动地转向扩充印度棉或是陕西棉，但是也难摆脱市场花贵纱贱带来的总体性影响，从 1923 年开始陷入萧条瓶颈。

（二）内部的“反叛”：工人的对抗

棉纺织业的萧条时期与上海工人运动爆发的密集时段有着重合之处，由于萧条时期纱厂获利减少，工人待遇的下降屡见不鲜，工人对资本家包括旧工头的怨念也日复一日地累积，这就为地下党员利用这种情绪开展工人运动提供了有利条件。上海地区的工人运动自 1925 年开始就如火如荼地开展，而作为上海的近邻，宁波也受到了工人运动热潮的鼓动。宁波党团活动家开始关注宁波产业工人集聚，且位于城市内部的和丰纱厂，青年卓兰芳受中共宁波支部的委派，来到和丰纱厂组织开展工人运动，而这也给和丰纱厂在行业萧条期的经营带来致命一击。

1926 年 6 月 20—23 日，和丰纱厂爆发了建厂以来规模最大、震惊宁波的罢工游行斗争，史称“六月工潮”。①工潮的爆发，对和丰纱厂总体生产影响甚大。由于事出细纱间，该间工人集体罢工，其他部门依势不得不停车，《申报》在报道时就指出“是以双方损失，当不在少”。1926 年，由于战争影响，和丰纱厂的纱销不利，而在生产原料上，该年的余姚棉产量又出现低谷，棉产率仅为 18.8%②，战争使得外省棉花难以输入，断了和丰纱厂的外援，前期再加上工潮停工，全年亏损达到 7.1 万元，这就使得 1926 年成为和丰纱厂继 1907 年亏损后出现的又一个亏损年③。

在这种情况下，1927 年上半年和丰纱厂的生产就已经进入了冰冻期，当时国内局势紧张，国产棉数量严重不足，而进口棉花断绝，造成花价昂贵，再次出现花纱倒置的局面，和丰纱厂被迫于 5 月 27 日停车。④在此之前，正值和丰纱厂成立总工会，工人斗争热情空前高涨，于 3 月 6 日与资方展开斗争，并提出争取工人权利的七个条件，资方最终向工人妥协。⑤因此资方的停车并没有得到工人的理解，他们认为是资方有意破坏工人生计。而新上任的经理陈蓉馆认为“开车实为维持工人生计，对于工人须一切改革，从前所订不适当条件（即 3 月所签合同——笔者注）悉行取消，对于厂中亦宜竭力整顿”，与工会代

① 关于此次工潮的记载，可参见《和丰纱厂之工潮》，《申报》1926 年 6 月 23 日；《和丰工潮续志》，《申报》1926 年 6 月 24 日；《和丰工潮忽又扩大》，《申报》1926 年 6 月 25 日；《和丰工潮再志》，《申报》1926 年 6 月 26 日；《和丰工潮解决》，《申报》1926 年 6 月 27 日。

② 方显廷：《中国之棉纺织业》，第 35 页。

③ 厂史编写组：《和丰史》，1990 年 10 月，宁波市档案馆藏，企业资料类档案，Q1-105-015。

④ 《宁波和丰纱厂董事会议事录》，1927 年 8 月 14 日，宁波市档案馆藏，宁波和丰纺织厂档案，314-001-003-104。

⑤ 宁波市江东区档案局、宁波市江东区政协教文卫体和文史委员会编：《百年和丰》（上），宁波：宁波出版社，2013，第 182 页。

表董心琴私自订立了劳资协定并刊发于《时事公报》，剥夺了之前合同中七个条件所给予工人的权益。此举引发了和丰纱厂工潮，他们举行和丰纱厂工人代表大会，发誓以“革命手段对付”。[①]这场斗争直到10月8日才以资方让步，以总工会取消私订的“和丰纱厂劳资条件”而告终。

相较于1926年的斗争，工人在1927年的抗争由被动转为主动。因此，尽管争取到的条件有限，但1927年工人却彻底地反抗了资方提出的不合理的劳资条件。声势浩大的斗争使得和丰纱厂1927年回转无力，出现巨大亏损，达到26.7万元。

（三）急躁的进取：和丰纱厂周转的失利

正当和丰纱厂一筹莫展之时，1928—1930年纱市的短暂回温为其提供了翻转的机遇。然而，由于受银价贬值带来的短期通胀的误导，中国的企业家很晚才意识到潜在的危机。[②]和丰纱厂也并不例外，市场的回温缓解了它前两年连续亏损的焦灼局面，也进一步麻痹了它，使其沉浸在市场短暂的繁荣中并做出了急躁的选择。

如前所述，由于余姚棉在前期产量的不稳定，以及库存的短缺，和丰纱厂屡屡吃亏。因此在对待原料问题上，和丰纱厂出现了一个新的转向。相比之前因为余姚棉库存不足而无法开工影响生产，和丰纱厂在1928年之后转而“囤花”，因为浙江棉（以余姚棉为大宗）产量逐渐稳定[③]，且在行业复苏的情况下价格低廉，和丰纱厂因此囤积了大量的生产用棉，一方面用于生产，另一方面打算伺机抛售。这种手段优劣参半，如1929年上半年虽因“存花太丰，暗耗利息”[④]，再加上“须掺和印花兼办平车工程，未免减色”[⑤]，但仰赖纱市总体的大好情形，全年获利13.7144万元；在1930年花纱倒置的市场背景下，和丰纱厂“幸值甬上花市凋敝时稍为多备，迨年终价高套收”[⑥]，又勉强躲过一劫，虽未亏损，但盈利跌到冰点，只有0.0647万元。为了消耗余姚棉的库存，和丰纱厂与中国的其他纱厂一样：“以屯积为能事，纱贵则居奇待沽，以期纱价之再涨。”[⑦]但当世界经济大危机在1931年逐渐波及中国时，日纱倾销加剧，花贵纱贱的市场局面进一步恶化。由于过量的生产，和丰纱厂粗纱存量较多，销路又趋向滞缓，加上引擎汽缸损坏，和丰纱厂被迫于5月停车。[⑧]

在几个月的停滞时期，和丰纱厂又做出了一个重要选择，就是废除前期的工头制，改为工程师制。前期工人斗争的扩大引发的激烈对抗，或许使得和丰纱厂意识到了内部工头制的潜在弊端，因为工人发

---

① 宁波市江东区档案局、宁波市江东区政协教文卫体和文史委员会编：《百年和丰》（上），宁波：宁波出版社，2013，第88—89页。

② 〔日〕城山智子：《大萧条时期的中国：市场、国家与世界经济（1929—1937）》，孟凡礼、尚国敏译，南京：江苏人民出版社，2010，第127页。

③ 根据方显廷的统计数据，浙江地区棉产量1928年为20斤，较之前有所减少；1929年又恢复到前列水准，达到24.6斤（方显廷：《中国之棉纺织业》，第35页）。

④ 《宁波和丰纱厂董事会议事录》，1929年8月26日，宁波市档案馆藏，宁波和丰纺织厂档案，314-001-003-143。

⑤ 《宁波和丰纱厂董事会议事录》，1930年2月26日，宁波市档案馆藏，宁波和丰纺织厂档案，314-001-003-147。

⑥ 《宁波和丰纱厂董事会议事录》，1931年4月26日，宁波市档案馆藏，宁波和丰纺织厂档案，314-001-003-170。

⑦ 朱仙舫：《中国纺织业之将来》，《申报》（经济专刊）1933年6月26日。

⑧ 厂史编写组：《和丰史》，1990年10月，宁波市档案馆藏，企业资料类档案，Q1-105-016。

动抗争的很大因素，即在于工头的压迫。事实上，为了减弱对抗，废除旧工头也是资方妥协的一种态度。但和丰纱厂这一选择有更加深层的原因，尽管当时市场上的粗纱销路是滞缓的，但是细纱销售势头却一片大好。[①]因此在极端不利的情况下，和丰纱厂董事决定去追逐市场上细纱畅销的势头，向中国联合工程师公司聘请黄炳奎为总工程师，丁作霖为驻厂工程师。[②]高额利润的刺激使得和丰纱厂在并未评估自身转型条件的情况下，投入大量资金购买生产设备，10 月开车，改纺 16 支以上的细纱。[③]

虽然和丰纱厂的出纱品质得到了极大的改善[④]，但该时期改纺细纱其实并不是一个特别明智的决定，囿于设备与技术，华商纱厂的细纱品质难以与日商纱厂相匹敌。这反映出在高支纱领域，中国纱厂在与日商纱厂竞争中普遍处于弱势地位。[⑤]由于尝到了些许市场的甜头，和丰纱厂在这种情况下又盲目地增添纱锭及染织设备，去开拓一个自己并不熟悉的“细纱”领域，可以说是市场投机心理使然。尽管短时间内收益较好，但是前期囤积过多粗纱，停车时间过长，再加上改造费用，1931 年全年盈余仅 0.147 万元。1932 年，陈蓉馆因病离职，凌伯麟接任经理职务，恰逢市场花纱价格同步下跌，而厂内囤积大量棉花，抛售也难以获利，这种情况下工厂亏损甚巨。当时粗纱销售形势较好，凌伯麟又从纺细纱改为纺粗纱，到 7 月底亏损 25 万余元，下半年形势略转，稍加弥补，加上年初沪战和年末川战的影响，和丰纱厂在 1932 年又亏损 11.97 万元。[⑥]

显然，对利益的盲目追逐并非可取，主打产品上的左右摇摆对于企业而言是高风险的。随着世界经济大危机影响的逐步扩散，中国诸多行业部门也在 20 世纪 30 年代被卷入了这场萧条。其中，农业受到的冲击无疑是巨大的，农民无力购买棉纱，这使得棉纺织品的销售进一步下滑。[⑦]到了 1933 年 2 月，花纱出现严重倒置局面，销路堵塞，和丰纱厂面临每生产一件纱，就要“蚀三十元之巨”的困局。[⑧]前期由于战争阻塞销路，加上和其他纱厂一样囤积不化，和丰纱厂库存的花纱不断累积，于 1933 年上半年达到高点。此时，它与其他棉纺织企业不得不面临艰难的产业环境：随着库存积压增加，企业负债越来越重。[⑨]当时和丰纱厂亏损有 44.47 万余元之巨，不仅如此，还有大量的欠款未还清。[⑩]

以往面对这种情况，纱厂大多会继续寻求银行的贷款援助。但银行业在这场萧条中亦不能幸免，由

---

① 在森时彦看来，20 支才基本上算作粗细纱的分界点，但该时期大多民族纱厂指代的细纱基本只有 16—20 支，而本文开篇提到的日资纱厂生产的高支细纱往往是 30 支以上。

② 《宁波和丰纱厂董事会议事录》，1931 年 10 月 22 日，宁波市档案馆藏，宁波和丰纺织厂档案，314-001-003-179。

③ 厂史编写组：《和丰史》，1990 年 10 月，宁波市档案馆藏，企业资料类档案，Q1-105-016。

④ 《宁波和丰纱厂董事会议事录》，1931 年 10 月 22 日，宁波市档案馆藏，宁波和丰纺织厂档案，314-001-003-180。

⑤ 可参考大生纱厂的例子，详见 Köll E. *From Cotton Mill to Business Empire：The Emergence of Regional Enterprises in Modern China*. Cambridge：Harvard University Press，2004，p.266.

⑥ 厂史编写组：《和丰史》，1990 年 10 月，宁波市档案馆藏，企业资料类档案，Q1-105-016。

⑦ 〔日〕城山智子：《大萧条时期的中国：市场、国家与世界经济（1929—1937）》，孟凡礼、尚国敏译，南京：江苏人民出版社，2010，第 130 页。

⑧ 《宁波和丰纱厂董事会议事录》，1933 年 8 月 5 日，宁波市档案馆藏，宁波和丰纺织厂档案，314-001-004-037。

⑨ 〔日〕城山智子：《大萧条时期的中国：市场、国家与世界经济（1929—1937）》，孟凡礼、尚国敏译，南京：江苏人民出版社，2010，第 133 页。

⑩ 《宁波和丰纱厂董事会议事录》，1933 年 8 月 5 日，宁波市档案馆藏，宁波和丰纺织厂档案，314-001-004-038。

于纱厂提供给银行的抵押物贬值，银行陷入危机漩涡之中，再加上企业没钱赎回抵押物，不能按时归还贷款，这给银行造成了巨大的压力。尽管没有充足的理由限制纱厂的贷款，银行仍然努力停止向那些无法提供抵押以及无法盈利的企业提供资金。[①]面对销售困境与周转难题，和丰纱厂在1933年上半年陷入几近崩溃的绝境，股东被迫集合商讨清算事宜。自1926年以来和丰纱厂的经营趋势如图2所示。

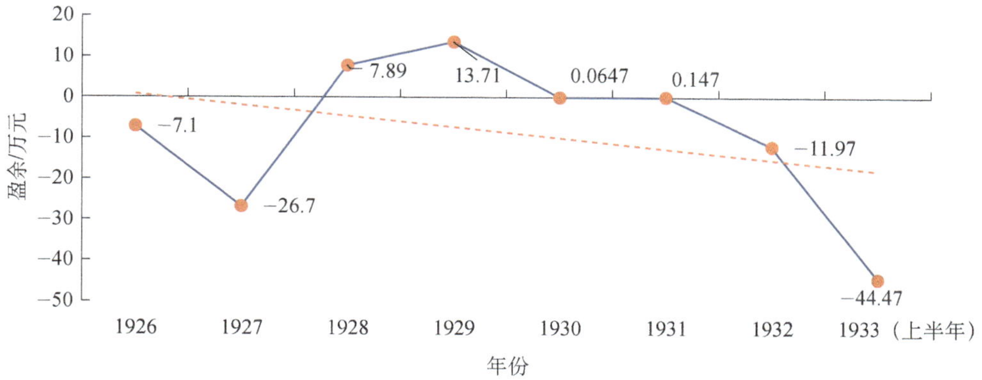

图2　1926—1933年上半年和丰纱厂经营趋势图

资料来源：宁波档案馆藏：《宁波和丰纱厂董事会议事录》，全宗号：314

在该时期，本土原料的不足、工人的工潮对抗、急躁的产品转型都使和丰纱厂承受了利润的直线下滑，那么巨额的亏损如何周转？如何能在困难时期继续得到银行的贷款？这些问题最终落到了和丰纱厂又一领导者俞佐宸的身上。

三、重生（1934—1937年）

作为宁波最大的地方性企业，和丰纱厂的生死与数千人的生计有直接关联。因为宁波钱业界一贯有重商业、轻工业的倾向，反映在危急时刻，原经理凌伯麟难堪重任，和丰纱厂的许多股东想要抽回资本，脱身而走。在紧要关头，股东之一俞佐宸提出和丰纱厂虽然亏损甚巨，但实力仍然雄厚，不至于破产倒闭，最主要的原因在于经营不善和管理腐败，只要加以整顿，仍有一线生机。[②]由于前期积累了良好的社会信誉，俞佐宸最终说服众股东，使和丰纱厂得以放手一搏。然而，在百业萧条之际，纱厂的整顿并非易事。在风险不明的情况下，俞佐宸愿意挺身而出，并且在挽救和丰纱厂的过程中扮演领导角色，这与他动用了同乡关系为企业筹集资金以及进行管理和产品上的改革有关。

（一）俞佐宸和他的同乡关系

俞佐宸是浙江镇海人，与其胞兄俞佐庭受表叔李咏裳一手提拔。18世纪至20世纪初，甬埠钱庄握宁

① 〔日〕城山智子：《大萧条时期的中国：市场、国家与世界经济（1929—1937）》，孟凡礼、尚国敏译，南京：江苏人民出版社，2010，第143页。

② 周竹君自述，王晓舜编著：《俞佐宸和我》，宁波：宁波出版社，2006，第30页。

波经济的枢纽，特别是上海开埠后，市场繁荣，甬商在沪投资钱庄者甚多。[①]而李咏裳就出身于宁波镇海著名钱业家族小港李家，他们家族早在清末就已经成为上海商界著名家族之一。[②]李咏裳在甬、沪多个钱庄参有资本，并培养了他的子侄辈，将李家的影响力渗透到各个行业领域。

俞氏兄弟二人正是在李咏裳的提携下，在甬、沪金融界风生水起。和丰纱厂陷入经营崩溃绝境之前，俞佐宸已经是中国垦业银行宁波分行经理、和丰纱厂的常务董事、天益钱庄的总经理[③]，俞佐宸认准要强国富民，必须发展民族工业，只有发展工业，才能挽回权益。因此他负责经营的钱庄，有很大一部分贷款是贷给工业的，他也在宁波当地逐渐积累了良好的社会信誉。[④]而他的胞兄俞佐庭是垦业银行的发起者之一[⑤]，在宁波、绍兴、杭州、上海等地 14 家企业中均拥有股份，担任这些企业的董事长和董监事等职。[⑥]20 世纪 30 年代，俞佐庭跻身上海金融界名流，与宋子文交往深厚，与陈布雷为莫逆之交，与青帮头子杜月笙是结拜兄弟，并与上海闻人虞洽卿是同乡好友，平时过从甚密。[⑦]

有学者指出宁波商人在上海工商业中的强大实力，与其钱庄、银行的兴盛也有更直接的关系。正是因为他们具有这种工商业与金融业互相挹注的特色，才得以雄居近代上海。[⑧]早年严信厚筹办通久源纱厂的经历充分地说明了这一点，而通过观察俞氏兄弟的发展轨迹，亦不难发现上述特点。俞氏兄弟二人早年在钱庄业得到发展后，又将资本广泛地投资其他工商业领域。到后期，他们的资本涉及面极广，并且在政界、商界与同乡好友建立了互利共赢的合作关系，将同乡势力深深扎根在甬、沪两地。由于俞佐宸在工商业和金融业的突出实力，在股东大会上，他被推举为全权董事兼总经理，担当起了和丰纱厂领路人的重要角色。

（二）资金后盾：垦业银行对和丰纱厂的救济

近代中国经济的发展过程中，新式机器大工业是重要的领域，在这个领域内资金状况始终是决定企业能否发展的关键。[⑨]资金是企业得以生存的生命线，对于和丰纱厂而言亦是如此。而银行贷款在其中就扮演了重要的角色，甚至被学者认为是中国早期工业增长的关键因素。[⑩]然而正如上节所展示的那样，在百业萧条的经济大危机时期，由于银行自身的危机，能够从银行筹集到足够的振兴资金十分不易，而俞佐宸在解决和丰纱厂的资金问题上显然发挥了关键作用。

---

① 宁波市工商业联合会（总商会）志编纂委员会编：《宁波市工商业联合会（总商会）志》，出版社不详，2005，第 112 页。

② 宁波市工商业联合会（总商会）志编纂委员会编：《宁波市工商业联合会（总商会）志》，出版社不详，2005，第 114 页。

③ 宁波市档案馆编：《宁波灵桥史料选辑》，杭州：浙江大学出版社，2015，第 320 页。

④ 周竹君自述，王晓舜编著：《俞佐宸和我》，宁波：宁波出版社，2006，第 28 页。

⑤ 垦业银行最早由宁波商人俞佐庭、童今吾等发起成立，初时总行设在天津，后迁至上海，1931 年在宁波开设垦业银行分行。垦业银行与宁波商人紧密关联，历任总行经理俞佐庭、秦润卿、王伯元等均为宁波人（金普森、孙善根主编：《宁波帮大辞典》，宁波：宁波出版社，2001，第 28 页）。

⑥ 宁波市档案馆编：《宁波灵桥史料选辑》，杭州：浙江大学出版社，2015，第 299 页。

⑦ 周竹君自述，王晓舜编著：《俞佐宸和我》，宁波：宁波出版社，2006，第 42 页。

⑧ 周春英：《近代宁波帮的经营管理思想与实践》，《广西社会科学》2004 年第 3 期。

⑨ 朱荫贵：《论中国近代企业集团内部的资金调拨流动》，《社会科学》2008 年第 6 期。

⑩ 〔日〕城山智子：《大萧条时期的中国：市场、国家与世界经济（1929—1937）》，孟凡礼、尚国敏译，南京：江苏人民出版社，2010，第 230 页。

如前文所述，俞佐宸在钱庄业和银行业游刃有余，尤其是他和兄长俞佐庭都在垦业银行打下过坚实的基础。因此在董事会上，俞佐宸就提出："至于资金问题，我将从'垦业'方面设法解决。"他先将和丰纱厂150万元资本降为90万元，股票票面加盖六折计算图章，所减资本除将亏耗抵消外，余款作为折旧，将来如有获利，陆续提加资本，再恢复到150万元的原额。并采取厂基抵押的办法，将和丰纱厂的厂基抵押给了上海垦业银行。①

严中平曾经指出，厂基押款是从银行获取贷款最重要的方式，但是他也认为，这是"银行滚剥纱厂最直接最毒辣也是最普遍的方式"②。在讨论和丰纱厂之前，不妨来看一下大生纱厂与银行之间的关系。大生纱厂在1922年陷入财务困境，而上海银行成了大生危机期间最重要的债权人。这和张謇与陈光甫之间的私人关系密不可分，张謇曾请求陈光甫出手救济大生纱厂的附属公司。但是银行从来不是慈善家，在大生纱厂处于危机之时，众多银行乘虚而入③，直到战时引发的通货膨胀，大生纱厂成功实现了债务合并，才使它最终摆脱了自20世纪20年代初以来银行财团对纱厂实际经营上的财务与管理控制④。显而易见，在面对债务问题时，张謇同样动用了他的私人关系，为大生纱厂及其附属公司寻求银行的支援，但是最终没有避免大生纱厂成为银行获利的工具。作为名副其实的工业资本家，张謇虽然涉足过银行界，但是从未在该领域获得真正的权威，这也导致他无法完全摆脱银行对大生纱厂的控制，只能听之任之。

反观和丰纱厂，当时俞氏兄弟二人在金融界的评价为"兄长沪市弟长甬市，百业仰经，二十年间，英英直上"⑤，足以凸显出他们在上海、宁波两地金融界的地位。当时垦业银行的总行设在上海，虽然俞佐庭早已卸任上海垦业银行经理，但时任董事长兼总经理乃是俞佐庭的好友秦润卿，他亦是宁波旅沪同乡会的核心成员。最终和丰纱厂在总亏损超过80万元，资本总额仅90万元的情况下，获得了垦业银行总行批准，即：以厂基抵押向宁波垦业银行借款60万元和贷款200万元，为期一年。⑥与同时向垦业银行押借的振华、经纬两家纱厂相比，和丰纱厂的负债率是最低的，如表2所示。

表2 1936年经纬、振华以及和丰纱厂在垦业银行的负债情况

厂名	所在地	资本总额/元	负债总额/元	负债占资本额之百分比/%
经纬纱厂	上海	550 000	550 000	100
振华纱厂	上海	420 000	400 000	95
和丰纱厂	宁波	900 000	600 000	67

资料来源：严中平：《中国棉纺织史稿》，北京：商务印书馆，2011，第308页

注：经纬纱厂的创办人为无锡人陆培之，后在20世纪30年代将纱厂转手给徐克明；振华纱厂的创办人为怡和洋行大班凯福和华人吴祥林，后凯福退出，该厂因无力偿还押借款而被垦业银行出租（严中平：《中国棉纺织史稿》，北京：商务印书馆，2011，第436、438页）

① 厂史编写组：《和丰史》，1990年10月，宁波市档案馆藏，企业资料类档案，Q1-105-017。

② 严中平：《中国棉纺织史稿》，北京：商务印书馆，2011，第303—304页。

③ Köll E. *From Cotton Mill to Business Empire: The Emergence of Regional Enterprises in Modern China*. Cambridge：Harvard University Press，2004，pp.199-204.

④ Köll E. *From Cotton Mill to Business Empire: The Emergence of Regional Enterprises in Modern China*. Cambridge：Harvard University Press，2004，p.270.

⑤ 周竹君自述，王晓舜编著：《俞佐宸和我》，宁波：宁波出版社，2006，第42页。

⑥ 厂史编写组：《和丰史》，1990年10月，宁波市档案馆藏，企业资料类档案，Q1-105-017。

经纬、振华两家纱厂的境遇侧面反映出和丰纱厂能以较低的负债率获得抵押借款，与俞佐庭的全力支持有关①，他势必说服秦润卿以最低的条件开展对同乡企业和丰纱厂的救济。1934 年上半年，和丰纱厂盈利达到 32 万元，因此在该年十月抵押借款将要到期之时，宁波垦业银行函请上海总行继续照做②，最终获得批复。而俞佐宸凭借多年在金融业积累的信誉，在 1935 年初的垦业银行挤兑风波中，保住了垦业银行，也间接挽救了与其关系密切的和丰纱厂。这次挤兑风波过后，垦业银行的信誉大大提升，也使和丰纱厂逃过一劫。

而真正考验俞佐宸以及宁波工商业界的是之后 1935 年上海爆发的金融风潮。由于资本外逃、白银流失以及不稳定的外汇，上海的金融市场最终陷入瘫痪，并殃及宁波。③由于纱厂对于银行贷款具有很强的依赖性，因此，在这场风潮中，许多纱厂因为无法还清贷款，面临被银行接收或是拍卖的命运。以申新纺织公司为例，荣宗敬为了得到资金以保持其在申新的绝对多数股份，转向与他的家族或来自无锡的金融机构或完全没有联系的外国银行寻求资金。④而他这一私心也使得他手下的纱厂与面粉厂不可避免地受到陌生的利益集团的掌控，陷入前所未有的危机，典型事件就是申新七厂的拍卖案。由于垦业银行在金融风潮中也受损不少，因此 1935 年 5 月，垦业银行函告和丰纱厂，要求厂基抵押的 60 万元于月底前赎回。⑤但经过俞佐宸出面斡旋，董事会再三恳请，最终拖延下来，否则和丰纱厂又将面临倒闭的危险。⑥

通过与其他纱厂的对比，可以发现面对资金难题，它们的领导人并非没有动用可用的关系去争取借贷资金，然而他们为获取资金所付出的代价是巨大的，巨额的厂基抵押给企业造成沉重的压力。大生、申新两家纱厂因为无法避免作为债权方的银行在利益驱使下对企业的掠夺，尤其是它们依附的金融机构过多，且外商银行占比不小，因而一旦陷入危机，就容易沦为各家银行利益争夺的对象。⑦可见，张謇、荣宗敬二人由于缺乏在金融界足够的话语权，他们名下的纱厂数度被银行盘剥。

可以窥见的是，俞佐宸金融业的从业背景与所拥有的各类关系帮助和丰纱厂迅速解决了在资金问题上的燃眉之急。但在危机之初，俞佐宸在和丰纱厂内部并不算是绝对的大股东。因此，和丰纱厂能否走出危机，就取决于俞佐宸是否愿意动用他的关系，为这样一个濒临破产，且可能于他个人利益关系而言仅占一小部分的纱厂提供帮助，而事实上俞佐宸做出了肯定的选择。当然，对和丰纱厂的救济并非无条

---

① 周竹君自述，王晓舜编著：《俞佐宸和我》，宁波：宁波出版社，2006，第 33 页。

② 《中国垦业银行宁波分行为和丰纱厂押款续做事与董事办事处的往来文书》，1934 年 10 月 15 日，上海市档案馆藏，中国垦业银行档案，Q284-1-41-148。

③ 〔日〕城山智子：《大萧条时期的中国：市场、国家与世界经济（1929—1937）》，孟凡礼、尚国敏译，南京：江苏人民出版社，2010，第 164 页。

④ 〔美〕高家龙：《大公司与关系网：中国境内的西方、日本和华商大企业（1880—1937）》，程麟荪译，上海：上海社会科学院出版社，2002，第 154 页。

⑤ 《宁波和丰纱厂董事会议事录》，1935 年 5 月 21 日，宁波市档案馆藏，宁波和丰纺织厂档案，314-001-004-100。

⑥ 厂史编写组：《和丰史》，1990 年 10 月，宁波市档案馆藏，企业资料类档案，Q1-105-018。

⑦ 徐锋华：《企业、政府、银行之间的利益纠葛——以 1935 年荣氏申新七厂被拍卖事件为中心》，《历史研究》2011 年第 6 期。

件的，在俞佐宸看来，他管理企业，就必须要有绝对的话语权，因此他在风险时期收购了和丰纱厂51%的股份，成为真正的大股东。[①]现在的地方文史资料中，对他匡扶地方实业，勇于挺身而出的行为给予了高度的评价。但通过梳理俞佐宸在处理和丰纱厂资金问题上的一系列行动，其选择背后还有更为深层的考虑。严中平曾指出，纱厂对银行的债务一旦拖欠过多，纱厂的所有权将会根本转移，由工业资本家积累资本，转换为银行资本家积累资本。[②]正是因为和丰纱厂对垦业银行的专一性，即使最终救济失利，和丰纱厂不得不破产，清算它的垦业银行也能从中受益，于作为银行资本家且在垦业银行参有股本的俞佐宸而言，并不会造成绝对的损失；如果和丰纱厂能够逆风翻盘，俞佐宸作为和丰纱厂最大的股东，他也将成为最大的受益者。因此，俞佐宸动用他的同乡关系，并不是出于纯粹的乡土情结，而是基于得失利益的权衡。当然，相比于诸多纱厂因无法筹集资金或因债务过多而难逃破产厄运，可靠稳定的资金来源的确是和丰纱厂渡过困难时期最重要的支柱，也是俞佐宸后续开展整顿工作的保障。

（三）管理的推进：俞佐宸的全面整顿

正如有学者所指出的，在黄金时期工农业产品价格剪刀差的有利形势下，中国纱厂不管经营状况如何，只要能够产出工业品就有可能获得利润；但面对大萧条时期逆剪刀差的不利环境，对企业至关重要的就是经营的好坏。[③]面对前期经营不善留下的一系列问题，不乏时人在纸媒上对于和丰纱厂提出改革的见解。[④]这些言论虽角度各异，但不约而同地指出了改革经营的两个关键因素，即“人”与“纱”，这也对俞佐宸提出了新的考验。1923—1933年，余姚棉短缺尽管对和丰纱厂造成了影响，但本质上在于和丰纱厂的产品还停留在低支粗纱上，而当时的日资纱厂由于掌握了高支细纱的生产技术，故而在长时间内占据了垄断地位。这就表明，唯有实现产品转型，才有渡过危机的希望。而在危机中，最重要的在于企业内部形成共渡难关的共识，并且充分调动员工的生产积极性，才能推动产品升级。

在处理上述问题时，俞佐宸充分考虑了和丰纱厂的现实状况，除了试图解决工人可能带来的抵抗，他效法顾元琛的做法，在和丰纱厂内部全面扩大奖励福利范围，实施“温情式管理”，并且基于区位优势实现了产品的转型与升级。

1. 治人：削弱工人的抵抗

解决“人”的问题，其实并非容易。在经济大萧条时期，大多数纱厂的盈利跌到了谷底，连带工人的薪资与待遇同步下降，若是没办法解决好工人的收入与待遇问题，亦有可能使工人在利益受损的情况下形成新的斗争。而俞佐宸在整顿中巧妙地化解了工人潜在的不满与抵触情绪，最终将管理改革的效益发挥到最大。

---

① 俞佐宸：《我的旧时工商业生涯》，载中国人民政治协商会议宁波市委员会、文史资料研究委员会编：《宁波文史资料》（第3辑），宁波：浙江人民出版社，1985，第71页。

② 严中平：《中国棉纺织史稿》，北京：商务印书馆，2011，第310页。

③ 〔日〕森时彦：《中国近代棉纺织业史研究》，袁广泉译，北京：社会科学文献出版社，2010，第305页。

④ 详见张康澄：《对于和丰纱厂改革之我见》，《上海宁波日报》1933年8月6日；建人：《纱厂管理之管见》，《上海宁波日报》1933年8月23日；佚名：《告企业家之言》，《上海宁波日报》1933年9月26日。

实际上，许多的纱厂都废除了工头制，改成了工程师制，并严格执行“层级管理”。当时许多纱厂过于严苛的“层级管理”，除了引发旧工头的不满，也并未给纱厂工人带来实际好处，这就给了旧工头和工人谋求利益而重新合作的机会。旧工头除了利用自己既有的社会关系，也将工人吸引到自己的势力范围下，频频地向高层发起挑战。①

因此，为了规避可能在企业内部引发的抵抗，就必须有效防止工人和工头形成新的联合。在对待工头问题上，俞佐宸对老工头徐德文、蒋宗德二人仍加以优待，任为顾问，咨询及办理厂内各事，希望达到“新旧交融”的效果。②这其实是削弱实权，但保留地位，充分给予了旧工头优越感，让他们做工程师与一般员工之间缓冲的桥梁。旧工头的反抗很大程度上是因为既有利益和地位的被剥夺，只要肯给他们适当的利益，承认他们的地位，在一定程度下是会削弱他们的反抗心理的。

此外，为了能够减少下层员工对上层的抵触情绪，并且激发他们在困难时期对企业的忠诚与贡献的热情，俞佐宸努力把中国人传统的厚道、温情融入制度化管理，使企业的管理既有严格的制度约束，又不失人情味。在严格规章制度的基础上，俞佐宸率先取消了自己和家里人的“特权”。为此，妯娌还牢骚满腹，埋怨说：“二哥也太抠了，连厂里的人都不许我们碰。”③俞佐宸以身作则，绝对禁止管理人员和采购人员利用工厂为个人牟取利益，另外严格原料物料的进出制度，继续实施“投标”制，以杜绝流弊。④

不仅如此，他也关注纱厂内部存在的不合理的工资制度。1931年时，工人待遇每天从二角至一元不等，女工在生产期间，是不给工银的。⑤而部门经理月薪高达600元，管理人员与工人的差距甚大。俞佐宸自己以总经理身份带头减薪，主动将自己的工资改为月薪260元，其他管理人员自然也相应地逐级降低。他们虽然不满，但是总经理已经做出了表率，自然也不好说什么。⑥这一做法有利于拉近上层管理者与下层之间的关系，缓和在困难时期因薪资差距问题而引发的层级摩擦，同时能有效减少薪资支出，对于企业的周转来说可谓一举两得。

由于企业“开源节流”的需要，和丰纱厂将2000名员工裁撤到了1500名。⑦在整改的过程中，和丰纱厂注意到一味裁减冗员，并且减低薪俸，容易引发工人的不满，酝酿更大的冲突。因此董事会也根据俞佐宸的建议，实施奖励措施，承诺按绩效发放奖金。⑧这对工人来说有很大的激励作用。此外，俞佐宸进一步提高工人的福利待遇，规定凡纱厂工人死后有棺木、安葬费，女工享有产假，这些其实是部分满

---

① 关于这一问题，可参加冯筱才：《科学管理、劳资冲突与企业制度选择——以1930年代美亚织绸厂为个案》，《史林》2013年第6期。

② 《宁波和丰纱厂董事会议事录》，1933年10月22日，宁波市档案馆藏，宁波和丰纺织厂档案，314-001-004-180。

③ 周竹君自述，王晓舜编著：《俞佐宸和我》，宁波：宁波出版社，2006，第31页。

④ 宁波市江东区档案局、宁波市江东区政协教文卫体和文史委员会编：《百年和丰》（上），宁波：宁波出版社，2013，第54页。

⑤ 王勤增：《参观宁波和丰纱厂记》，《效实学生》1931年第3期。

⑥ 俞佐宸：《我的旧时工商业生涯》，载中国人民政治协商会议宁波市委员会、文史资料研究委员会编：《宁波文史资料》（第3辑），宁波：浙江人民出版社，1985，第70页。

⑦ 《宁波和丰纱厂董事会议事录》，1933年9月5日，宁波市档案馆藏，宁波和丰纺织厂档案，314-001-004-047。

⑧ 《宁波和丰纱厂董事会议事录》，1933年9月5日，宁波市档案馆藏，宁波和丰纺织厂档案，314-001-004-052-053。

足了1927年工人争取的权益。他又拨款对“一百间头”的公房重新加以维修，作为工人宿舍，帮助解决了厂里部分困难职工的住房问题。[①]

很明显，在大萧条时期，俞佐宸以身作则减少层级隔阂，并且给予员工的福利丝毫未减甚至有所增加。他竭力缓和劳资矛盾，增强员工对企业的认同感，实际上也是试图削弱他们的抵抗。大萧条时期，众多企业都陷入了谷底，因而这也是该时期劳资对抗的高峰。[②]而和丰纱厂的工人尽管有些零散的抗争，但并没有像1926年与1927年的两场工潮那样对和丰纱厂的生产造成根本性的影响。可以说在俞佐宸的温情式管理下，大多数工人的向心力无疑也成了和丰纱厂摆脱危机的一个相当重要的助力因素。

2. 治纱：区位优势下的转型与升级

有学者指出，近代宁波商人具有强烈的品牌意识，他们在立足国内市场的同时也走向国际市场。[③]一方面，对于宁波商人而言，诚信经营与打造过硬的市场品牌一直是他们经商的法宝；另一方面，国际市场的成功开拓也得益于宁波的沿海优势，由此带来跨洋贸易的便利是内陆商人所无法比拟的，这在和丰纱厂的实践中得到了印证。危机时期，俞佐宸关注到和丰纱厂产品缺乏竞争力的问题，因此在与董事会商议之后，决定在既有的基础上，改进技术，打造自身品牌。和丰纱厂首先依据市场形势，适当“增加产量，提高质量”，并让工程师积极推进撚头纺纱。[④]而俞佐宸本人则与厂内技术人员共同研究，生产了一只以“荷蜂”为商标的棉纱产品，质量优良，逐渐取得了市场信任，打通了海外销路。“荷蜂”牌棉纱受到了东南亚商人的热烈欢迎，那里的商人纷纷大批量订购，这种棉纱的影响甚至到改革开放后还存在，20世纪80年代，还有东南亚一带的商人打听这种棉纱的情况[⑤]，这足以说明“荷蜂”品牌效应的持久性。

为了走出大萧条，长江三角洲地区纱厂，尤其是上海的纱厂，出现了纵向合并，以增加细纱产量，提高效率。[⑥]这也引导了和丰纱厂在1936年实现转型，当然该时期的转型并非盲目的，本土细纱原料的供给以及设备的准备为和丰提供有利条件。由于中国纱厂逐渐转向20支及以上的细纱生产，这就要求农村的原棉种植品种发生转变。这一过程中，政府对农村施加援手，除了成立棉业统制委员会研究适合本土种植的改良棉种并在农村推广，还扩大了原棉种植面积。原棉相较于其他农产品更易获利的属性也刺激了农民加紧生产。这一计划在1936年取得了较大的推进，全国的棉花种植面积增加了36%，达到

① 周竹君自述，王晓舜编著：《俞佐宸和我》，宁波：宁波出版社，2006，第32—33页。

② 如姜平：《1933年南通大生纱厂大裁员始末》，《中国经济史研究》2005年第3期；高超群：《科学管理改革与劳资关系——以申新三厂和民生公司为中心》，《中国经济史研究》2008年第3期；田彤：《1933年纱厂减工风潮中的劳资对抗》，《贵州社会科学》2013年第9期等。上述代表性研究成果均不约而同地关注到了该时期普遍存在的劳资对抗问题。

③ 周春英：《近代宁波帮的经营管理思想与实践》，《广西社会科学》2004年第3期。

④《宁波和丰纱厂董事会议事录》，1934年5月25日，宁波市档案馆藏，宁波和丰纺织厂档案，314-001-004-077。

⑤ 俞佐宸：《我的旧时工商业生涯》，载中国人民政治协商会议宁波市委员会、文史资料研究委员会编：《宁波文史资料》（第3辑），宁波：浙江人民出版社，1985，第71页。

⑥〔日〕城山智子：《大萧条时期的中国：市场、国家与世界经济（1929—1937）》，孟凡礼、尚国敏译，南京：江苏人民出版社，2010，第217页。

1040.1 万亩，产量增加了 3.8 倍，达到 242.6 万担，平均每亩产量增加了 23.2 斤①，这大大刺激了全国纱价的回温。浙江地区也不例外，早期“姚花”“绍花”等粗纱适用棉不再完全适合新形势下的棉纺织业，故在浙江省棉业改良场的组织下，慈溪等地开展了改良棉种的培植，推出了一款“百万棉”的棉花品种，取得市场上的成功。②慈溪与和丰纱厂所在的江东冰厂同处宁波大市，因此交通运输的便利以及优质原棉的生产形成了和丰纱厂不可多得的天然优势。

此外，为了更好地实现 20 支以上的细纱生产，俞佐宸派工程师到同业各厂考察，提高纺纱效率。③在调研市场的基础上，于 1937 年 1 月“添纱锭二千八百枚，向上海订购细纱车七部”④，使和丰纱厂纱锭总数达 26 000 枚，是和丰纱厂私营时期纱锭数最多、规模最大的时期，即便是在浙江省内，和丰纱厂也是拥有纱锭数最多的纱厂⑤，在具备生产原料条件以及设备的基础上，和丰纱厂真正实现了向细纱生产的全面进军。

（四）走出萧条：和丰纱厂的经营突围

和丰纱厂在 1933 年上半年还亏损 44 万余元，经过整顿后十一月开车，年终结账竟然扭亏为盈，除了弥补了上半年的亏损，还盈余 490 元。1934 年和 1935 年受棉纱市场花贵纱贱的影响，生产一度艰难，包括 1935 年爆发的金融风潮，亦是雪上加霜。但是和丰纱厂能够勉强维持，两年间未出现亏损。而在这一时期，众多纱厂或是因为无法偿还银行贷款，或是内部经营改革无法收到预期成效，在 1936 年以前就不得不面对破产清算的命运，而和丰纱厂却能够存续实力，静待有利时机。到了 1936 年，随着纱价上涨，农村购买力增强，和丰纱厂全年盈余 3300 元。⑥可以说，俞佐宸动用同乡关系带来的资金支持，有效削弱工人的潜在对抗以及温情式管理的实施都是和丰纱厂逐渐复苏的关键原因。

上述的准备为和丰纱厂的二度繁荣打下了基础，而这一切又与和丰纱厂的区位优势密不可分。1937 年上半年棉纱畅销，价格优良，和丰纱厂借机扩大生产，产纱比往年还要多。七七事变后宁波遭到短暂的封锁，但棉花原料价格低廉，秋后纱价暴涨，而上海、杭州的相继沦陷，使得宁波成为抗战初期内地与上海租界联系的主要中转港，大量物资需要靠宁波转运内地。国民党党政机关包括学校等都撤退到西南内地，对于棉纱棉布等物资迫切需要外地接济。作为当时联系内地主要口岸的宁波只有和丰纱厂一家，加上年初曾增添纱锭，扩充生产能力，和丰纱厂凭借“天时地利”，1937 年获利高达 120 万元，不仅完全摆脱了危机，还迎来了“第二个黄金时期”。⑦

---

① 〔日〕城山智子：《大萧条时期的中国：市场、国家与世界经济（1929—1937）》，孟凡礼、尚国敏译，南京：江苏人民出版社，2010，第 222 页。
② 冯肇传：《从经济方面所见的浙江：浙江棉业之新进展》，《浙江青年（杭州）》1935 年第 1 卷第 3 期。
③ 《宁波和丰纱厂董事会议事录》，1937 年 4 月 27 日，宁波市档案馆藏，宁波和丰纺织厂档案，314-001-005-032。
④ 《宁波和丰纱厂董事会议事录》，1937 年 3 月 19 日，宁波市档案馆藏，宁波和丰纺织厂档案，314-001-005-028。
⑤ 厂史编写组：《和丰史》，1990 年 10 月，宁波市档案馆藏，企业资料类档案，Q1-105-018。
⑥ 《宁波和丰纱厂董事会议事录》，1937 年 3 月 19 日，宁波市档案馆藏，宁波和丰纺织厂档案，314-001-005-027。
⑦ 厂史编写组：《和丰史》，1990 年 10 月，宁波市档案馆藏，企业资料类档案，Q1-105-018。

四、结　论

在1923年开始的行业萧条期，和丰纱厂的衰退与原料的不足以及内部工人的对抗密切关联。作为地方性企业，和丰纱厂对本土原料极为依赖，但宁波当地易发台风，影响了和丰纱厂主要原料余姚棉的生产，这给和丰纱厂带来了较大的困扰；而邻近上海，使上海一地的工人运动热潮得以迅速传播到宁波，对和丰纱厂产生了巨大的冲击。萧条时期的困顿与教训使它废除了工头制，并最终走上囤花积纱的道路。但是和丰纱厂的改善办法无非被动适应花纱市场，其改纺细纱，拓宽销路之举并不坚定，受市场上粗纱销售形势的转变，立马改变生产风向，前后时间不过一年。和丰纱厂既没有像部分民族纱厂那样转向高支纱生产，又没有完全坚定粗纱道路向内地农村深入，而是左右摇摆，靠投机手段平衡经营状况。到了1933年，世界经济大萧条的影响使得农村的生产和购买力持续下降，也间接导致花贵纱贱的局面达到前所未有的高峰，这使得和丰纱厂囤积的花纱严重过剩，销售无望，只能靠停工消极应对，最终亏损甚巨，借款无门。由此可知，行业萧条期和丰纱厂的经营下滑使其意识到改革的必要，但做出了不明智的策略转向，埋下了崩溃的导火线，最终被经济大危机点燃，使其陷入了彻底的绝境。

然而，接下来和丰纱厂在棉纺织企业接二连三倒闭的经济大危机中，却能够平稳过渡，这与同乡的有力支持密不可分。和丰纱厂得以摆脱危机的关键一点在于俞佐宸动用了他的同乡关系，使得和丰纱厂获得了同乡金融机构垦业银行的资金支持。这种产业、金融业的相互调度和彼此渗透支持，在其他商帮中十分少见。[①]故而当其他棉纺织企业陷于和银行的利益争夺时，和丰纱厂在资金获得保障的情况下顺利开展了经营管理的改革。而俞佐宸出色的经营能力在后期整顿过程中发挥了重要作用，他延续了顾元琛时代温情式的管理风格，在“治人”方面明确管理层职能，充分重视普通工人的奖励与福利，最大可能地调动他们的生产积极性。此外，在“治纱”上树立品牌意识，严抓产品质量，拓宽国际销路，为产品积累市场声誉。这些努力使得和丰纱厂最终摆脱了危机，创造了其营业史上的又一辉煌，它的个案也从侧面体现出地方性企业与同乡商人的紧密交互，以及这种交互对地方性企业在经营过程中应对危机的重要作用。

① 朱荫贵：《近代上海的宁波商帮崛起之逻辑》，《南国学术》2019年第4期。

改革开放初期的高新技术转移：以中国从联邦德国引进电离室为案例的研究

苏　熹

摘　要：20世纪70年代初，中国科学院近代物理研究所与联邦德国重离子研究中心（GSI）的科学家之间开展交流，促成两研究所之间合作渠道的建立。改革开放初期，中国与联邦德国正式签订政府间科技合作协定，将“重离子物理”纳入协定框架。20世纪80年代初，在联邦德国洪堡基金会近十万马克资助下，中国科学院近代物理研究所从GSI引进一台大面积位置灵敏电离室。在设备引进的同时，相关技术以科学家为载体转移到中国，在设备的后续开发中得到消化和吸收。大面积位置灵敏电离室移植到中国后，被建设成兰州重离子加速器的实验终端，并带动与之配套的电子计算机系统在实验室建立和发展。依托这一国际先进科学仪器，中国科学家在核物理实验研究领域取得了创新性成果。通过对大面积位置灵敏电离室引进的案例进行考察，对于解决当今核心技术研发中的现实问题有一定助益。

关键词：技术转移；大面积位置灵敏电离室；中国科学院近代物理研究所；GSI；洪堡基金会

苏熹，中国社会科学院当代中国研究所助理研究员。主要研究新中国科技史

技术转移是指科学技术通过其载体在国家之间、地区之间、行业之间的输出与输入的活动过程，既包括国家之间水平方向的技术转移，也包括从技术研发部门向应用部门的垂直转移①，本文研究主要聚焦国家之间的技术转移。改革开放初期，通过引进西方先进设备及技术，并对其进行消化、吸收，在此基础上努力创新，从而缩短同发达国家之间的差距，是新中国科技发展的重要战略。20世纪80年代初，兰州的中国科学院近代物理研究所（以下简称兰州近物所）在联邦德国洪堡基金会②近十万马克的资助下，从GSI成功引进一台大面积位置灵敏电离室。在设备移植的过程中，相关技术以科学家为载体被转移到中国，在设备的开

① 朱常海、郭曼编著：《我国技术转移策略研究——技术、组织与创新生态》，北京：科学技术文献出版社，2017，第24—25页。

② 洪堡基金会首创于1860年，其名称是为了纪念德国著名自然博物学家、探险家，近代气候学、自然地理学、植物地理学和地球物理学的创始人之一亚历山大·冯·洪堡（Alexander von Humboldt Stiftung）先生。

发中消化和吸收，同时带动了电子计算机在线数据技术在国内的发展，并发展成为加速器系统的实验终端。依托先进设备，中国科学家在核物理实验研究领域取得了领先国际的成果。

关于中国从联邦德国引进电离室的历史，尚无学者进行系统性研究。关于新中国技术引进的历史目前已有不少研究成果。①值得注意的是，在该领域的案例或专题研究中，对于20世纪50—60年代中国从苏联及东欧国家引进技术的研究较为充分，而对于改革开放后中国从其他西方国家引进先进技术的研究较少。本文以大量档案文献、口述访谈、内部材料，以及回忆录等第一手文献为基础，在20世纪70年代和80年代中德科技交流的背景下，考察中国从联邦德国引进电离室的历史，探讨国家之间的官方科技合作与科学家之间的学术交流在技术转移中所发挥的不同作用，分析人作为技术和知识的载体在技术转移中的重要角色，由此深化我们对中国改革开放初期对外科技交流的认识。在此基础上总结历史经验，希望对于解决当今核心技术研发中的现实问题有一定助益。

一、电离室引进的背景：兰州近物所与GSI间科技合作关系的建立

1957年6月，在周恩来“除北京附近以外还应在兰州设立一个原子核科学的点”的指示下，中国科学院兰州物理研究室正式成立②，室主任为杨澄中③。当时，兰州物理研究室的对外科技合作以苏联为主，并在苏联的援助下建造了一台1.5米回旋加速器，作为研究室的重要实验设备，这台加速器主要服务于氢弹研发等任务。④1962年1月，兰州物理研究室原子能部分与“613工程处”合并，成立兰州近物所，由第二机械工业部（以下简称二机部）领导，所长空缺，杨澄中任副所长。20世纪70年代初，兰州近物所将回旋加速器改建成为重离子加速器，率先在国内开展低能重离子物理研究。从20世纪60年代中苏交流中断，直至1973年以前，兰州近物所的对外学术交流几乎完全中断。

1972年下半年，在毛泽东的支持下，周恩来主持党中央的日常工作，开始努力调整外交战略。中美

---

① 关于新中国技术引进历史研究的代表性成果包括董志凯：《自力更生与引进、消化相辅相成——1949—1978年中国科技发展回顾与启示》，《当代中国史研究》2019年第5期；张柏春、田淼、张久春：《科技革命与中国现代化》，济南：山东教育出版社，2017，第101—122页；张柏春、姚芳、张久春，等：《苏联技术向中国的转移（1949—1966）》，济南：山东教育出版社，2004；王丹莉：《新中国技术引进的历史检视》，《中共党史研究》2019年第7期；白春礼：《中国科技的创造与进步》，北京：外文出版社，2018，第112—132页；等等。

② 钱三强、朱洪元：《新中国原子核科学技术发展简史（1950—1985年）》，载《钱三强文选》，杭州：浙江科学技术出版社，1994，第139—156页；李秀波、王大洲：《兰州重离子加速器装置建设的历史考察》，《工程研究——跨学科视野中的工程》2019年第3期。

③ 杨澄中（1913—1987），1945年赴英国留学，1950年在利物浦大学获博士学位，留英期间，他在利物浦大学和霍尔特（J. R. Holt）等合作，首先发现了氘核、质子的削裂反应。1951年杨澄中回国，到北京的中国科学院近代物理研究所工作，任实验核物理组副组长、电子学组负责人。1953年他与赵忠尧共同指导并参加建成700千伏质子静电加速器。1957年他在兰州近物所指导并参加建成400千伏高压倍加器。杨澄中作为兰州近物所的领导者，是研究室成立之初唯一一位具有海外留学和工作经历的物理学家。

④ 这台回旋加速器由二机部投资并负责建设（《罗主任由北京回兰后，报告613工程及施工等》（1957年），中国科学院档案馆，档案号L293-5）。由于中苏关系的恶化，1960年8月，援助回旋加速器建设的全部苏联专家被召回国，兰州物理研究室协助二机部完成了“613工程”剩余的安装调试工作（参见苏熹：《从国防研究到基础研究的转向——中国科学院近代物理研究所回旋加速器的兴建、应用和改建》，中国科学院大学博士学位论文，2019，第105—110页）。

关系解冻后，中国与欧洲及日本、美国等开始进行正常的科技交流与合作。[①]1972 年，中国科学家代表团访问欧美四国（英国、瑞典、加拿大和美国）。中国与联邦德国的科技交流也是在这一时期开展起来的。1974 年，德国马克斯·普朗克科学促进协会（以下简称马普学会）主席吕斯特率领代表团访华，4 月 25 日与中国科学院副院长吴有训就共建平等伙伴关系、开展互利合作研究达成口头协议；6 月，中国科学院副院长、北京大学校长周培源率中方代表团回访马普学会及其研究所。[②]

1973 年 3 月，兰州近物所的隶属关系由二机部转归中国科学院领导，成为以重离子物理研究为主要任务的研究所。[③]在这样的背景下，兰州近物所向中国科学院呈报了关于建造大型重离子加速器的请示报告，并得到了中国科学院的支持，开始进行重离子加速器方案的设计和论证工作。[④]由于国内缺乏大型重离子加速器建设经验，在杨澄中的领导下，兰州近物所科学家开始努力与国际核物理科研机构建立联系。1973 年 4 月，丹麦玻尔研究所核物理学家奥格·玻尔（Aage Niels Bohr）访问中国，由中国科学院接待。杨澄中赴北京参加会议时，在钱三强的介绍下结识了玻尔，并应邀参加 1973 年 10 月在玻尔研究所举办的国际重离子讨论会。会议上，杨澄中结识了法国国家重离子加速器实验室的勒佛尔等科学家。[⑤]1976 年 9 月，欧洲重离子物理会议在法国岗城举行，以杨澄中为团长的兰州近物所 5 人代表团赴法参会，并报告兰州近物所开展重离子核物理研究的成果。正是在这次会议上，杨澄中结识了 GSI 的物理学家鲁道夫·马丁·博克（Rudolf Martin Bock）[⑥]，开启了兰州近物所与 GSI 之间的交流与合作。

GSI 作为联邦德国公立科研机构，主要依托大型科研设备开展国际一流的大科学研究。1976 年 GSI 的重离子加速器尤尼拉克（UNILAC）建成出束，是世界首台能够加速全部离子的加速器，科研人员由此掌握更多关于物质内核的知识。[⑦]为了更好地发挥平台作用，促进科研设施的开发和利用，联邦德国科学家积极参与跨国科技合作，世界各国的大学、研究机构的一流科研人员都是他们的合作目标。[⑧]博克作为 GSI 的创建者之一，自 20 世纪 70 年代开始从事重离子加速器的研究工作。在 1976 年法国举行的欧洲重离子物理会议上，博克首次获知兰州近物所的研究方向，并与杨澄中提出了互访邀请。1977 年博克应邀访问中国，中国科学院在北京举办学术交流活动，兰州近物所派 12 名科研人员参加，并向博克介绍了兰

---

① 张柏春、田淼、张久春：《科技革命与中国现代化》，济南：山东教育出版社，2020，第 133 页。

② 白春礼：《中国科技的创造与进步》，北京：外文出版社，2018，第 92 页。

③ 中国科学院近代物理研究所：《1973 科研工作总结》（1974 年 2 月到 1975 年 1 月），中国科学院档案馆，档案号 L293-264。

④ 中国科学院近代物理研究所：《1974 年科研工作计划》，中国科学院档案馆，档案号：L293-263；中国科学院近代物理研究所：《分离扇重离子加速器系统计划任务书》，中国科学院档案馆，档案号：L293-473。

⑤ 郧恩九：《忆中国科学院近代物理研究所的历史变迁和杨澄中先生的科学人生》，兰州：甘肃人民出版社，2016，第 193 页。

⑥ 鲁道夫·马丁·博克，1927 年 5 月生于德国曼海姆。大学就读于海德堡大学，1958 年在马普医学研究学院获得博士学位，此后，他在海德堡的马普核物理研究所任职。1967 年起他担任马尔堡大学教授。1970 年，他成为达姆施塔特重离子研究协会的创建成员之一，并开始对重离子加速器进行研究。

⑦ 德国亥姆霍兹联合会编：《德国国家实验室体系的发展历程——德国亥姆霍兹联合会的前世今生》，何宏等译，北京：科学出版社，2019，第 128 页。

⑧ 方在庆、朱崇开、孙烈，等：《科技革命与德国现代化》，济南：山东教育出版社，2020，第 144 页。

州近物所的研究工作和成果。博克听后很感兴趣，他邀请兰州近物所派遣科研人员赴 GSI 参加重离子物理实验研究，并主动提出可以协助中国科研人员申请洪堡基金会的资助。[①]由此可见，改革开放前以杨澄中为代表的科学家通过参加国际学术研讨会等方式，与博克等核物理学家建立了联系，由此形成了兰州近物所与 GSI 之间的科技交流的渠道。

改革开放以后，中国的对外科技交流由科研院所及科学家之间的交流，过渡到政府间官方合作与交流的新阶段。在这样的背景下，兰州近物所与 GSI 在重离子物理领域的科技交流被纳入到两国政府间的科技合作协议框架中。1978 年 3 月全国科学大会召开，邓小平在全国科学大会开幕式上作出“科学技术是生产力”等重要论述，标志着中国科学技术发展进入了新的历史阶段。关于国际科技交流，邓小平指出，我们要积极开展国际学术交流活动，加强同世界各国科学界的友好往来和合作关系。[②]1978 年以后，中国先后同法国、联邦德国、美国、日本等多个国家签订政府间科技合作交流协定，大幅度扩大了国家科技合作规模。[③]1978 年 10 月 9 日，国务院副总理、国家科学技术委员会主任方毅率中国政府科技代表团访问联邦德国期间，与联邦德国政府副总理根舍签订了《中华人民共和国政府和德意志联邦共和国政府科技合作协定》，正式建立政府间科技合作关系。[④]此次会谈纪要规定的执行项目第十一项为：物理和化学基础研究，其中第三条即重离子物理。《中华人民共和国政府和德意志联邦共和国政府科技合作协定》合作方式有交换科技情报和资料；互派专业代表团、科学家、其他研究人员和与项目有关的进修生；组织共同的科学讨论会；执行共同的研究项目，包括共同使用科学技术装置和设备。同年，中国科学院与联邦德国马普学会签订了科技合作协议，大幅扩展与联邦德国科研机构之间的合作。[⑤]

在中德政府间科技合作协议的基础上，兰州近物所与 GSI 间的科技交流以多种形式展开，建立了长期稳定的合作关系。GSI 的大面积位置灵敏电离室正是在这样的背景下被中国引进。

二、大面积位置灵敏电离室项目在联邦德国的申报和获批

（一）科研人员的派遣与电离室引进计划的提出

1977 年博克邀请兰州近物所的中国科学家赴 GSI 参加研究工作，并提出协助他们以申请洪堡基金的方式解决经费问题。联邦德国的科研资助体系形式多样，既有联邦拨款，又有各州提供的资助，如德国

① 邬恩九：《忆中国科学院近代物理研究所的历史变迁和杨澄中先生的科学人生》，兰州：甘肃人民出版社，2016，第 196—197 页。

② 邓小平：《邓小平文选》第 2 卷，北京：人民出版社，1994，第 91 页。

③ 樊洪业主编：《中国科学院编年史 1949—1999》，上海：上海科技教育出版社，1999，第 247 页；《当代中国》丛书编辑部编辑：《当代中国的科学技术事业》，北京：当代中国出版社，1991，第 324—331 页。

④ 《方毅传》编写组：《方毅传》，北京：人民出版社，2008，第 687 页；《当代中国》丛书编辑部编辑：《当代中国的科学技术事业》，北京：当代中国出版社，1991，第 329 页。

⑤ 《方毅传》编写组：《方毅传》，北京：人民出版社，2008，第 698 页。

学术交流中心（deutscher akademischer austansch dienst，DAAD）、洪堡基金会等。[①]洪堡基金会最主要的资助项目之一就是洪堡研究奖学金，该项目主要资助外国学者到联邦德国进行学术交流。洪堡基金会早在20世纪20年代就已开始资助中国学者在德学习，后因第二次世界大战等原因一度失去联系。1972年中美关系改善后，联邦德国开始调整对华政策。1974年起，洪堡基金会、DAAD和歌德学院联合在中国开始筹备工作。[②]

在博克的邀请下，杨澄中向德方推荐两名从事核物理实验研究的青年科研人员邬恩九[③]和褚永泰[④]申请洪堡基金到GSI工作。1978年底，他们的申请获得了洪堡基金会的批准。1979年2月，邬恩九、褚永泰抵达联邦德国，成为中国改革开放后首批获得洪堡基金会资助的中国学者。[⑤]他们的工作为期一年，工作计划由杨澄中根据兰州近物所的实际需求提出，在征得博克同意后呈送洪堡基金会和GSI。主要任务包括：

> 1. 研究几组重离子-靶系统的深部非弹性或准裂变反应机制；
> 2. 研究重离子碰撞中的反应产物的电荷、质量、能量和角分布等多参数测量实验技术；
> 3. 参加一个正在GSI速度选择器或其他实验装置上进行的实验，以便能熟悉了解其实验技术；
> 4. 对重离子实验室的实验装置和仪器设备，如γ-多重性装置、速度选择器、重离子磁谱仪、同位素分离器等进行一般性的学习和了解。[⑥]

由此可见，杨澄中制定的计划中，既包括在GSI的仪器上开展核物理实验研究，学习实验技术，也包含对仪器设备本身的考察。在博克的指导下，邬恩九和褚永泰的研究工作在大面积位置灵敏电离室上进行——邬恩九从事中重碰撞系统的深部非弹性散射研究，褚永泰从事非对称系统的重离子准裂变反应研究。一个月后，兰州近物所核物理研究人员沈文庆[⑦]通过其他资助渠道来到GSI，在博克的安排下在重离子磁谱仪上从事重核系统准弹性反应中的电荷和质量转移研究。在GSI工作期间，邬恩九、褚永泰、沈文庆对于实验室先进的仪器设备体会深刻，他们组成“近物所GSI三人小组”，在独立研究的同时，共同计划将GSI的大面积位置灵敏电离室引进中国。[⑧]

---

① 方在庆、朱崇开、孙烈，等：《科技革命与德国现代化》，济南：山东教育出版社，2020，第137—138页。

② 刘颖勃：《对德国洪堡基金会的初步研究》，中国科学技术大学硕士学位论文，2006，第18、32页。

③ 邬恩九，1934年生，湖南人，实验核物理学家。1953年毕业于武汉大学，后到中国科学院近代物理研究所（北京）工作，1957年调往兰州物理研究室，历任中国科学院近代物理研究所副所长、研究员。曾组织参加近物所400千伏高压倍加器的研制和安装调试，主持参加国防2号任务、碳打铋反应机制研究等工作。

④ 褚永泰，1937年生，中国科学院近代物理研究所研究员，江苏无锡人，1956—1961年就读于苏联哈尔科夫大学原子核物理专业。1962年到兰州近物所工作，从事核物理研究。历任兰州近物所研究员，研究室副主任、主任，所学术委员会主任。先后从事快中子物理和重离子核物理的实验研究。对重离子轻系统深部非弹性散射进行了系统性研究，实验发现并初步证实轻系统中非完全深部非弹性散射反应机制的存在。

⑤ 刘颖勃：《对德国洪堡基金会的初步研究》，中国科学技术大学硕士学位论文，2006，第32页。

⑥ 邬恩九：《忆中国科学院近代物理研究所的历史变迁和杨澄中先生的科学人生》，兰州：甘肃人民出版社，2016，第197页。

⑦ 沈文庆，1945年生，上海人，实验核物理学家。1968年毕业于清华大学工程物理系理论核物理专业。1970—1991年在兰州近物所任助研、副研、研究员。参加碳打铋反应机制研究、轻系统深部非弹研究等工作。

⑧ 邬恩九：《忆中国科学院近代物理研究所的历史变迁和杨澄中先生的科学人生》，兰州：甘肃人民出版社，2016，第197—201页。

大面积位置灵敏电离室是GSI重离子加速器的终端设备之一，是研究重离子核物理反应的有力工具。该设备有较大的接收角和较好的电荷分辨功能，对较轻的产物有一定的同位素鉴别能力，而且它能够提供在一定角度范围内测量每种产物连续分布的可能性。世界范围内，GSI首先设计制造了“综合△E-E粒子鉴别技术和飞行时间技术”的大面积位置灵敏电离室。[①]该设备已在GSI的重离子物理实验中应用4—5年，从仪器制造技术到应用，包括加工、绕丝、焊接、测试、电子计算机数据获取和处理等均有一套成熟的技术经验和资料。[②]为了回国后能够继续开展在GSI的研究课题，同时出于兰州近物所重离子加速器终端建设的考虑，“近物所GSI三人小组”联名致信博克，信中提出将该电离室技术移植到中国的申请。[③]

“近物所GSI三人小组”在信中介绍了兰州近物所在重离子物理领域的成果，现有重离子加速器的性能，兰州近物所当前的研究工作，大型重离子加速器建设计划，以及未来的研究计划，等等。最后，他们提出了引进大面积位置灵敏电离室的请求：

> 我们在GSI期间，在数据采集和数据分析中使用这个电离室，我们认识到在我们家乡的研究所——兰州的近代物理研究所开发和应用一个大面积位置灵敏电离室是重要且有必要的。为了继续完成我们在达姆施塔特GSI开始的重离子物理实验研究，有助于中国重离子物理研究的发展，现在我们考虑建设一个GSI型的大面积位置灵敏电离室，而GSI小组先进的技术和有价值的实验对它是很重要的。[④]
>
> 我们考虑探测器对于重离子反应研究是一个高效的工具，并且经济上相对便宜。[⑤]

“近物所GSI三人小组”提出的申请很快得到了博克的支持。1980年9月29日，在博克的协助下，邬恩九和褚永泰以个人名义向洪堡基金会以信函的方式正式提出了建造一台大面积位置灵敏电离室的资助的申请。

（二）大面积位置灵敏电离室项目的讨论与获批

按照洪堡基金会的章程，“近物所GSI三人小组”在提交申请书的同时，介绍了他们在德科研工作、回国后工作的现有条件、拟建造设备及研究规划等。引进电离室的申请原则上获得了德方同意，但在项目讨论中，德方提出了一个关键性问题：先进设备的移植必须以本地技术条件的匹配作为基础。兰州近物所现有的实验室配套设备不足以支持电离室正常运行。也就是说，即便电离室引进中国，也难以充分

---

① 沈文庆、褚永泰、陈巨声，等：《一台用于重离子核反应研究的大面积位置灵敏电离室》，《高能物理与核物理》1983年第4期；Lynen U，Stelzer M，Gobbi A，Sann H，Dmi A. *Nucl. Instr. and Meth.* 133(1976)，409.

② 褚永泰、沈文庆、邬恩九致博克的信（内部资料，邬恩九提供）。

③ 2018年5月2日访中国科学院近代物理研究所研究员邬恩九。

④ 褚永泰、沈文庆、邬恩九致博克的信（内部资料，邬恩九提供）。

⑤ 褚永泰、沈文庆、邬恩九致博克的信（内部资料，邬恩九提供）。

发挥其作用。为此，德方积极协助中方拟定了与电离室配套的设备清单，但购置这些设备的经费将如何解决？

最终，经中德双方多次商讨，决定电离室主体部分的建设由洪堡基金会资助，而电子计算机及配套电子学仪器设备的经费将由近物所在国内自行解决。在电离室所需的配套设备中，电子计算机尤为关键。大面积位置灵敏电离室是一台可进行多个实验参数测量的设备，它的数据获取和分析都需要相应的计算机支持，可兰州近物所现有的电子计算机设备测量参数有限，无法满足电离室工作需求。兰州近物所科研人员通过与国内多方面沟通，综合考量性能和经费等因素，决定从国外订购一台 PDP11/44 型电子计算机，所需经费由兰州近物所单独申请外汇购买。①此后，中国科学院拨发了专项引进外汇 21 万美元，用于申请进口 PDP11/44 型电子计算机。该采购申请获得了国家计算机委员会等单位的批准，由中国科学院东方仪器公司向外商订货。②

除电子计算机外，电离室的运行还需要购置大量电子学设备。“近物所 GSI 三人小组”提出，购买这些设备的经费可从洪堡基金会每月给他们的洪堡研究奖金中支付。该设想得到使馆和科技处同意后，他们将引进电离室的计划、所需经费及解决方案向兰州近物所做了详细汇报。兰州近物所批准了该方案，并提出将研究所 1980 年申请的非贸易性外汇寄给“近物所 GSI 三人小组”，以供购买配套仪器设备之用。③至此，电离室及配套设备所需经费问题得到了解决。

1980 年 11 月 24 日，洪堡基金会秘书长亨利克 • 菲弗（Heinrich Pfeiffer，1939—）致信邬恩九和褚永泰，正式告知他们申请已获批准，并附该项目包含的设备清单及报价：重离子电离室主体及附件（3 个入射窗、1 个调整架）共 20 953 马克；真空针孔阀 4 个共 3920 马克、压力计 1 个共 1658 马克、精密气压阀 1 个共 691 马克、CAMAC 框架 1 套共 8450 马克、CAMAC 控制器 1 台共 5606 马克、数据通道显示器 1 台共 1694 马克、模数转换器 2 台共 12 246 马克、时间数字转换器 3 台共 12 951 马克，485 型示波器 1 台共 18 871 马克；空运费用 6000 马克，总计 93 040 马克。④

上述设备清单中包含的电离室主体设备和配套设备，均由联邦德国洪堡基金会资助。值得注意的是，洪堡基金会将此项捐赠的目的认定为“仅出于科学和教育目的”。在随信所附的项目“捐赠证书”上这样写道：

> 通过提供此捐赠，亚历山大 • 冯 • 洪堡基金会正在努力以自己的方式为科学和学术的进步以及这些领域的国际合作做出贡献。⑤

在致信邬恩九和褚永泰的同时，洪堡基金会还致信中国驻联邦德国大使馆，将该项目提交到政府层

① 2020 年 5 月对中国科学院近代物理研究所研究员邬恩九的邮件访谈。

② 《再次要求我驻西德使馆拨回 4 万马克以支付从西德购置与大面积位置灵敏电离室配套的电子学仪器费用的专题报告》（[82]近科字 001 号）（内部资料，邬恩九提供）；1981 年 4 月 18 日褚永泰、邬恩九、沈文庆致科技处、近物所领导及所学术委员会的信（内部资料，邬恩九提供）。

③ 2020 年 5 月对中国科学院近代物理研究所研究员邬恩九的邮件访谈。

④ 洪堡基金会资助的设备清单及报价（内部资料，邬恩九提供）。

⑤ 洪堡基金会捐赠证书（邬恩九提供）。

面。[①]事实上，兰州近物所申请资助的项目已超过了洪堡基金会通常规定的限额，而洪堡基金会依然批准了这份申请。[②]

（三）“近物所 GSI 三人小组”围绕电离室引进的工作

中国科学家引进大面积位置灵敏电离室的申请获得批准后，又在联邦德国洪堡基金会的资助下，将他们在 GSI 工作的时间延长至一年。在这一年的时间里，德方专家参考 GSI 的设计，与中国科学家共同为中方研制这台电离室，并在联邦德国加工制造。[③]“近物所 GSI 三人小组”在完成他们在 GSI 的核物理实验工作的基础上，围绕电离室的引进开展了一系列工作。

首先，“近物所 GSI 三人小组”对电离室的设计、制造、调试、应用技术进行了有计划的系统性学习。根据“近物所 GSI 三人小组”制定的学习计划，褚永泰着重于电离室的设计、制造技术，沈文庆主攻电离室在线数据获取和处理技术，邬恩九重点关注电离室在物理实验中应用的程序。[④]

其次，“近物所 GSI 三人小组”在 GSI 实验室检测了德方提供的电离室性能。1980 年下半年，大面积位置灵敏电离室主体设备在联邦德国加工制造完成。[⑤]“近物所 GSI 三人小组”利用 GSI 的实验室设备和计算机等条件，进行了电离室机械部件安装及抽真空试验，并对电离室的基本性能进行了测量和调试，取得满意的结果。[⑥]

最后，“近物所 GSI 三人小组”在德购置了电离室配套设备，这些设备包括三部分：其一，邬恩九、褚永泰利用 1980 年兰州近物所申请的非贸易性外汇 13 000 美元，购买了一批配套电子学仪器，共计 24 923.16 马克，由“近物所 GSI 三人小组”携带回国[⑦]；其二，“近物所 GSI 三人小组”充分发挥主动性，通过自购、自制、同行赠予等方式，配置了价值约 12 749 马克的设备材料[⑧]；其三，经中国科学院外事局与中国驻联邦德国使馆商议后决定，使馆科技处拨付 40 000 马克，用于订购与大面积位置灵敏电离室配套的电子学仪器[⑨]。“近物所 GSI 三人小组”回国后，这部分设备将由兰州近物所后来派遣至 GSI 的科研人员继续负责订购。[⑩]

---

① 1981 年 4 月 18 日褚永泰、邬恩九、沈文庆致科技处、近物所领导及所学术委员会的信（内部资料，邬恩九提供）。

② 1980 年 12 月 12 月，邬恩九和褚永泰在给菲弗的回信中表达了感谢，信中这样写道：“我们很高兴接到您的信，告知亚历山大洪堡基金将接受我们的申请，为建设新探测系统提供资金支持。这台探测器和我们在 GSI 完成重离子实验所使用的探测器性能相近。我们回到家乡的研究所后，能够继续利用德国 GSI 最好的技术，开展我们在这里的学习和研究工作。我们要告诉您，我们多么感谢洪堡基金会和您。”（1980 年 12 月 12 日邬恩九、褚永泰致洪堡基金会菲弗博士的信，内部资料，邬恩九提供）

③ 李文卿主编：《2014 甘肃科技发展报告》，兰州：甘肃科学技术出版社，2014，第 134 页；《原子核物理（第五次核物理会议文集 成都 1982）》，北京：原子能出版社，1984，第 170 页。

④ 1981 年 4 月 18 日褚永泰、邬恩九、沈文庆致科技处、近物所领导及所学术委员会的信（内部资料，邬恩九提供）。

⑤ 《原子核物理（第五次核物理会议文集 成都 1982）》，北京：原子能出版社，1984，第 170 页。

⑥ 2020 年 5 月对中国科学院近代物理研究所研究员邬恩九的邮件访谈。

⑦ 13 000 美元购置仪器清单（内部资料，邬恩九提供）。

⑧ 私人自购、自制及实验室同行赠予的仪器设备材料清单（内部资料，邬恩九提供）。

⑨ 40 000 马克购置仪器清单（内部资料，邬恩九提供）。

⑩ 《要求我驻西德使馆拨回 4 万马克以支付从西德购置与大面积位置灵敏电离室配套的电子学仪器费用的专题报告》（[80]近物字第 010 号）（内部资料，邬恩九提供）。

可见，“近物所 GSI 三人小组”有分工、有计划地对电离室相关技术进行了学习。在这一过程中，围绕电离室和技术及知识内化成为科学家的个人才能，随着他们的回国被转移到中国。不仅如此，他们还在中德双方之间建立了良好的沟通关系，多方面拓展资金渠道购置电离室配套设备，为电离室引进国内后的设备配套和调试工作做好了充足准备。

三、大面积位置灵敏电离室在国内的调试与应用

（一）大面积位置灵敏电离室在近物所的调试

1980 年 12 月下旬，“近物所 GSI 三人小组”工作期满归国。①1981 年 4 月，电离室主体由联邦德国运送北京。值得注意的是，由 GSI 运送到中国的电离室只是设备本身，不包括加工图纸、使用说明书或操作指南等有形技术资料。因此，电离室安装调试，以及作为重离子回旋加速器终端设备的建造，都需要中国科学家在参照 GSI 技术的基础上，结合中国实际条件自行完成。②在这样的情况下，“近物所 GSI 三人小组”作为技术转移的“载体”，以及电离室设备的实际使用者，在回国后主动承担起主持该设备调试的任务。

1981 年 4 月，“近物所 GSI 三人小组”联名致信科技处和兰州近物所，建议兰州近物所成立课题组专门负责电离室的开发工作，并表明他们三人自愿参加这个组的工作：

> 我们希望特别提出：在去 GSI 之前，我们来自一些不同的组，按惯例，回来后，应继续回到原来的组去工作。考虑到我们在外面学习时各有所侧重，但确是为了一个共同的目的，为建成这个电离室作出了共同努力。回来后就分散开来，不利于这个工作的继续进行。③

“近物所 GSI 三人小组”的建议很快得到采纳，1981 年 7 月，包括他们三人在内的一批兰州近物所科研人员投入到 1.5 米重离子回旋加速器物理实验终端建设——大面积位置灵敏电离室配套、安装与调试工作中。④根据当时国内的实际条件，要将该电离室建设成为完整的终端设备，尚有很多条件不成熟，其中最关键的问题即前文所述的 PDP11/44 型电子计算机尚未到货。由于兰州研究所现有计算机（Plurimat-N-20 型计算机）测量参数有限，只可在电离室初步安装测试时用于在线数据获取工作。为了争取时间⑤，

---

① 1980 年 12 月 12 日邬恩九、褚永泰致洪堡基金会菲弗博士的信（内部资料，邬恩九提供）。

② 2020 年 5 月对中国科学院近代物理研究所研究员邬恩九的邮件访谈。

③ 1981 年 4 月 18 日褚永泰、邬恩九、沈文庆致科技处、近物所领导及所学术委员会的信（内部资料，邬恩九提供）。

④ 包括核反应靶室、靶室真空系统、充抽气系统、喇叭形接长管、光栏室及栅状光栏、偏转电子的静电和磁偏转系统等的设计和制造，各类电子学设备和在线数据获取系统的连接和调试，以及用放射源对电离室进行器下性能测试（2020 年 5 月对中国科学院近代物理研究所研究员邬恩九的邮件访谈）。

⑤ 根据 7611 工程改器进度的要求，1.5 米重离子回旋加速器将在 1984 年 3 月停止运行，直至这台加速器被改建成为 1.7 米扇聚焦回旋加速器之前，无法进行物理实验。因此，3 年之内，科学家必须尽快完成大面积位置灵敏电离室的终端建设（2020 年 5 月对中国科学院近代物理研究所研究员邬恩九的邮件访谈）。

“近物所 GSI 三人小组”利用现有条件提出分阶段将电离室建设成为重离子加速器中断设备的方案：首先，在 PDP11/44 型电子计算机尚未到货的情况下，科学家先运用现有设备 Plurimat-N 型计算机，与其他配件相配合，实现在线数据获取，并在甘肃省计算中心的 WCS/80 计算机上进行了离线数据分析[①]；其次，待 PDP11/44 型电子计算机到货后，科学家的工作将围绕该计算机的安装调试，以及电离室计算机数据获取和分析处理程序编制进行[②]；最后，科学家完成设备的安装调试，并在回旋加速器上对电离室进行性能测试。

依照上述计划，1981 年大面积位置灵敏电离室在近物所调试成功，这意味着该电离室的技术引进取得重要进展。[③]同年 10 月，博克访问兰州近物所，参观了中国科学家在大面积位置灵敏电离室开展物理实验、获取在线数据的实况，并将实验成果图带回联邦德国，向 GSI 和洪堡基金会进行了汇报。[④]1982 年 12 月 10 日，邬恩九致信洪堡基金会的菲弗，向德方报告了兰州近物所利用大面积位置灵敏电离室完成的实验工作，双方对上述交流合作非常满意。[⑤]

（二）大面积位置灵敏电离室在中国的应用与发展

大面积位置灵敏电离室在兰州近物所建成后，成了中国科学院重点研究课题“轻系统深部非弹性碰撞研究”的设备基础。

重离子深部非弹性碰撞（DIC）是一种新的核反应机制。20 世纪 80 年代，国际上普遍认为这种反应在“重系统”中较为明显，而在“轻系统”中不一定存在，因此鲜少有人研究。事实上，GSI 所研制的大面积位置灵敏电离室正是在物理学家对“重系统 DIC 反应”的研究中发展起来。兰州近物所的中国科学家在考虑中国实际条件的基础上，选定“轻系统 DIC 反应”作为主要研究领域。1982 年 1 月至 1985 年 12 月，利用大面积位置灵敏电离室，中国科学家在这一领域开展了系统研究，证实了“轻系统”中确实存在“ DIC 反应”。[⑥]该成果在国际上获得博克等科学家的高度评价[⑦]，体现出中国科学家利用这台引进的先进仪器，在核物理实验研究中取得了创新性成果。

这台大面积位置灵敏电离室运行后，兰州近物所科学家又建立了“双大面积位置灵敏电离室终端系统”。该系统由两台形状大小不一样的大面积位置灵敏电离室组成，并根据实验要求配置其他探测设备。

---

① 1981 年 4 月 18 日褚永泰、邬恩九、沈文庆致科技处、近物所领导及所学术委员会的信（内部资料，邬恩九提供）。

② 沈文庆、褚永泰、陈巨声，等：《一台用于重离子核反应研究的大面积位置灵敏电离室》，《高能物理与核物理》1983 年第 4 期。

③ 沈文庆、褚永泰、陈巨声，等：《用于重离子核反应研究的大面积位置灵敏电离室的配套和调试》，《全国第五次核物理会议资料汇编》，1982；沈文庆、尹淑芝、郭忠言，等：《56Mev—70Mev12C 在 28Si 靶上的弹性和非弹性散射测量》，《全国第五次核物理会议资料汇编》，1982；沈文庆、褚永泰、郭忠言，等：《82MeV 和 76MeV16O 轰击 27Al 的深部非弹和转移反应研究》，《全国第五次核物理会议资料汇编》，1982。

④ 2020 年 5 月对中国科学院近代物理研究所研究员邬恩九的邮件访谈。

⑤ 洪堡基金会菲弗博士致邬恩九的信（内部资料，邬恩九提供）；李文卿主编：《2014 甘肃科技发展报告》，兰州：甘肃科学技术出版社，2014，第 134 页。

⑥ 核物理研究室：《重离子物理研究简况》，《高能物理与核物理》1977 年第 1 期；邬恩九：《兰州的重离子物理研究》，《核物理动态》1984 年第 1 期。

⑦ 2020 年 5 月对中国科学院近代物理研究所研究员邬恩九的邮件访谈。

原有的电离室经改造，应用于“前角区”反应产物的测量；而国内科学家新建的一台 1.4 米的大面积位置灵敏电离室可用于其他角度范围的测量。这两台电离室既可单独工作，也可配合工作。由此可见，中国科学家已具备了大面积位置灵敏电离室建造、调试、应用的技术能力，意味着与电离室相关的各项技术得到了消化和吸收，而“双电离室”系统的设计和建设体现出中国科学家在设备开发中的创新思想。不仅如此，电离室的引进也带动了电子计算机在线数据技术在近物所的发展，为兰州近物所建设一个与重离子加速器相配套的现代化实验室奠定了基础。①

四、结　　论

大面积位置灵敏电离室是在改革开放初期中国开展对外科技交流背景下，学习和引进西方先进科学仪器及技术的案例。技术转移方面，我们看到在科学仪器移植到国内的同时，实现了对电离室制造、应用技术的消化和吸收；科学研究方面，电离室作为兰州重离子加速器终端设备，为中国科学家的核物理实验研究提供了更好的条件，使他们工作于知识生产的前沿；经济方面，电离室主体设备及关键配件由联邦德国洪堡基金会资助，为兰州重离子加速器终端的建设节省了资金。

中德两国科技交流与合作关系的建立是电离室技术引进的必要条件，而科学家之间的跨国科技交流在其中发挥了重要作用。20 世纪 70 年代初期中美关系缓和后，中国与联邦德国的科学技术交流逐步建立起来。GSI 拥有重离子物理领域国际领先的加速器，为了推动这一科学领域在世界范围内的发展，充分发挥大科学装置的平台作用，GSI 的科学家积极参与跨国科技交流，世界各地研究机构的科学家都是他们的合作目标。因此，当博克通过杨澄中得知兰州近物所的科研方向和重离子加速器建设计划后，便积极建立与兰州近物所的联系。事实上，兰州近物所的国际学术交流已中断数年。杨澄中等物理学家深知国际交流对于科学研究及大科学装置建设的重要性。大型重离子加速器建造计划获得批准后，兰州近物所科学家迫切需要拓展国际交流渠道。在这样的背景下，GSI 和兰州近物所之间交流通过两国科学家之间的往来开展起来。

改革开放以后，中德两国政府间正式签订了官方科技合作协定，并将“重离子物理”纳入协定框架，GSI 和兰州近物所的合作被推进到新的历史阶段。在 GSI 科学家的协助下，中国科学家申请洪堡基金会的资金支持，赴 GSI 交流与工作。联邦德国洪堡基金会多年来致力于世界各国的外国科学家，吸引了大量科学研究者向联邦德国集聚。改革开放以后，兰州近物所的科学家作为第一批受到洪堡基金会资助的中国科学家赴德工作。在德工作期间，中国科学家见识到 GSI 实验室先进的科学仪器，出于兰州近物所重离子加速器建设的考虑，也为了科学家自身的科研方向能够在国内长期开展，他们向德方提出将大面积位置灵敏电离室引进中国的请求。

---

① 2020 年 5 月对中国科学院近代物理研究所研究员邬恩九的邮件访谈。

大面积位置灵敏电离室由德国GSI引进兰州近物所，无疑有助于推进两研究所科学家在重离子物理领域的长期合作，这与两国科学家的意愿都是相符的，因此这一计划很快得到了德方支持，并在GSI科学家的积极协助下，争取洪堡基金会的资助。洪堡基金会致力于推进科学领域的国际合作，而电离室的使用目的主要为基础研究，与基金会的理念相符。事实上，德方最为关心的问题是电离室引进后能否在中国发挥作用，当这一问题得到解决后，该项目就顺利获得了批准。值得注意的是，当设备由输出方移植到输入方，相关技术的转移必须以输入方本地条件的适配作为基础。正因如此，我们看到电离室配套设备的购置一度成为技术引进成功与否的关键，也是中国科学家在电离室技术引进过程中始终需要面对的重要问题。

在电离室技术转移的过程中，人作为技术和知识的载体，发挥着关键性作用。从电离室引进计划的提出和申报，到电离室技术的消化和吸收，"近物所GSI三人小组"围绕电离室项目开展了大量工作。他们首先与联邦德国科学家博克取得联系，争取他的支持。在博克的协助下，该项目获得了洪堡基金会的资助和GSI的支持，而后上报到国家使馆层面。可以说，电离室项目的申报经历了一个"自下而上"的过程。电离室在联邦德国加工制造期间，"近物所GSI三人小组"对电离室相关技术进行了有计划的系统性学习，在这一过程中，与电离室相关知识内化成为科学家的个人才能，随着他们的回国被转移到中国，并在电离室的后续配套和调试中，得到充分消化和吸收。

最后，通过对近物所引进大面积位置灵敏电离室的案例进行分析，对于当今解决与核心技术研发相关的现实问题有如下启示：其一，技术转移的实质是人的转移，人的跨国迁移伴随着技术知识的流动，跨国人才的培养应成为国家科技力量提升的重要路径。其二，高新技术的引进往往能够带动与之相关的其他技术快速发展。在本文的案例研究中我们看到，电离室的移植推动着兰州近物所实验室配套设备的建设。当电离室在中国装配完成后，与其配套的计算机系统进而成了实验室其他设备研发的基础，得到了更广泛的应用。其三，以基础研究为应用方向的先进设备引进是高新技术转移的一条有效路径。由于基础研究的成果为国际共同体共享，较之应用研究，更容易建立国际科学技术合作，从而使高新技术的跨国转移成为可能。

关于中国科学技术史学科发展的几点思考

张柏春

摘　要：自20世纪50年代以来，中国科技史学家取得了丰硕的研究成果。不过，他们目前又面临着新的挑战和困难。作为一门学科，科技史与历史科学的其他分支具有互补性。中国科学家为科技史学科的建立和发展做出了巨大贡献。科技史学家既要促进学科交叉，又要区分科技史和其他学科之间的差异，并加强学科自身的建设。通常，年轻学者需要十多年才能成为初步成熟的科技史学者。职业的科技史研究需要许多"敬业的聪明人"。当前，中国科技史学者理应追求国际视野的高质量研究。

关键词：科学技术史；学科发展；人才培养；国际视野

科技史研究在中国已有百年历史，其职业化和建制化也经历了六十几个春秋。[①]目前，科技史学科发展态势良好，但也面临着新的挑战，有诸多问题值得深入思考和探讨。在此，我谈谈个人的看法。

张柏春，中国科学院自然科学史研究所研究员、南开大学科学技术史研究中心主任。主要研究科技史。主编英文学术期刊 *CAHST*

一、科学家与学科创建

科学家是中国科技史学科创建的主要倡导者和推手。在20世纪的前40年，一些科学家及少数人文专家开创了中国的科技史研究。1957年，中国自然科学史研究室成立并开始招收科学史研究生，这标志着科技史研究的职业化和建制化。[②]在该研究室的筹备阶段，李俨、钱宝琮等科学史家在中国科学院历史二所研究古代数学和天文学等知识的传统，而支持他们工作的首先是竺可桢、叶企孙等科学家。同一时期，农学史、中医史、工程技术史的研究机构分别在南京农学院、中医研究院和清华大学设立。[③]如此，科技史聚焦历史上的科学发现和技术发明等问题，成为

① 张柏春、李明洋：《中国科学技术史研究70年》，《中国科学院院刊》2019年第34卷第9期。

② 张柏春：《把握时代脉搏，开拓学术新境：中国科学院自然科学史研究所60年》，《自然科学史研究》2017年第36卷第2期。

③ 王思明、陈明：《万国鼎先生：中国农史事业的开创者》，《自然科学史研究》2017年第36卷第2期；冯立昇：《清华大学的技术史研究与学科建设》，《中国科技史杂志》2007年第28卷第4期。

科技和人文交叉的新兴学科。

有趣的是，由于研究对象特殊等因素，中国史学界或多或少地疏远于科技史，为它提供的发展空间不及科技界。“文化大革命”结束后，学术界迎来了“科学的春天”。科学家支持理工农医的一级学科下设数学史、天文学史、物理学史、中医史、农学史、纺织史、机械史、冶金史等学科史，中国科学院自然科学史研究所、中医研究院、内蒙古师范学院、中国科技大学、北京医学院、同济大学、北京钢铁学院等科研院所和高等院校开始招收科技史研究生。[①]1997年，国务院学位委员会调整学科布局和专业目录，史学界对科技史学科并不热心。这时，又是在卢嘉锡、周光召、路甬祥、钱临照、柯俊、席泽宗、钱伟长和吴阶平等科学家和科学史家的大力支持下，“科学技术史”才被国务院学位委员会批准为理学一级学科[②]，得到了更高的学科地位，原来的学科史（二级学科）迎来了新的发展机遇。

科技史以科学技术为主要研究对象，是一门特殊的历史科学，或者说与其他史学形成互补。[③]这个学科被列入理学或历史学都有合理性。它被列为理学一级学科，这既不妨碍科技史学者遵循历史学的学术规范和方法论，也不影响科技史学家与其他史学家的交流及合作。

二、学科的成形与边界

经过几十年的努力，科技史已经成长为一门成熟的学科，其主要标志是：①中国科学院创建自然科学史研究所，高等院校先后设立专业的研究室、研究所（系）或研究院，研究成果在国内外产生了重要影响；②国务院学位委员会批准建立硕士和博士培养体系，人力资源和社会保障部批准设立博士后流动站，科研院所和大学培养出了职业化的学者；③成立中国科学技术史学会等社团，中国专家加入国际学术组织并扮演重要角色；④出版专业学术期刊，包括外文期刊；⑤科研项目得到国家自然科学基金和国家社会科学基金的资助；⑥《中国大百科全书》增设科技史卷。有这样的坚实基础，我们应当有信心促使这门学科发展得更好。

改革开放以来，科技史学科不断扩大研究领域和应用范围，与其他学科领域逐步交叉融合，并开展了应用科技史研究。近年来，部分高等院校的科技史机构由“一招鲜”或一专多能逐步转向多元化发展，形成了结构不尽相同的“学科和领域群”，拓展了各自的发展空间。[④]不过，科技史学科似乎正在变成一个装有科技史、科技考古、文物保护、文化遗产、科技哲学等学科领域的“大口袋”，并且呈现出一

---

① 郭世荣：《科技史研究在高校的机遇与挑战——以内蒙古师范大学为例》，《中国科技史杂志》2007年第28卷第4期；胡化凯：《继往开来　不断进步——中国科学技术大学科技史学科的建设与发展》，《中国科技史杂志》2007年第28卷第4期；张大庆：《医学史教育在中国：历史、问题与展望》，《中国科技史杂志》2007年第28卷第4期；陆敬严：《我与机械史》，《自然科学史研究》2013年第32卷第3期；孙淑云：《依托优势　开拓发展——北京科技大学科技史学科建设的回顾与展望》，《中国科技史杂志》2007年第28卷第4期。

② 翟淑婷：《我国科学技术史一级学科的确立过程》，《中国科技史杂志》2011年第32卷第1期；郝俊：《“王馆长”外传》，《中国科学报》2013年3月15日，第5版。

③ 《科学史和历史科学》，载席泽宗：《古新星新表与科学史探索》，西安：陕西师范大学出版社，2002，第481—485页。

④ 张柏春：《我国科技史研究的拓展与适应——以自然科学史研究所的转变为例》，《自然辩证法通讯》2012年第34卷第2期。

定程度的边界模糊、碎片化和异化的趋势。

科技史学科是科技哲学、科学社会学、科学文化、科学传播、科技政策、科技战略、文化遗产等学科或研究领域的基础。在积极鼓励学科交叉的同时，我们也不能轻视学科之间的差异和边界。①科技史研究有必要借鉴哲学、社会学、人类学等学科的理论和方法，然而，理论思辨无法取代史学的严谨考证和阐释。例如，科技史和科技哲学从对象上看是“近亲”，而从学科性质上看却是“远亲”；科技考古是科技史与考古学的交叉领域，本质上属于考古学；科技史与管理学交叉，但不可能是一门学科“同化”另一门学科；科学文化、非物质文化遗产和工业遗产等都是新兴的交叉研究领域，它们以多种学科为依托，自身还不是成熟的学科。

在中国，科技史学科一直存在结构缺陷。目前，知识史研究趋弱，对科技问题的认知深度降低，某些学科史出现了滑坡或几乎断档等问题。最薄弱的领域当数世界科技史研究，尤其是中国社会特别关注的发达国家和地区的近现代科技史。在这方面，我们与国际学术前沿依然存在阶段性的差距，中国学者缺少多学几门外语以及从研读第一手文献（原始文献）入手的决心和自信心。

三、人才的培养与成长

科技史学者几乎都是“半路出家”，需要经过一个补课，即完善知识结构的过程。由于本科阶段的专业背景差异较大，科技史研究生培养就须因材施教，扬长补短。总的来看，缺什么就补什么，最该补的是史学研究方法和科技知识。

科技史学科逐步构建了专门的研究生教育体系。一方面，学生要上科技通史、学科史、科技史文献学（含原始文献解读）、科技史研究方法和理论等必修课，还要根据个人的主攻方向，选修历史学、考古学、科学社会学、科学哲学等学科的课程，学习第二外语（或更多的外语），甚至选学理工农医类的某些课程；另一方面，学生在导师的指导下选择合适的研究方向，做专题研究，学习如何写学位论文，参加学术研讨、国际交流等活动。经过这样的训练，即使是非史学背景的研究生，他们也可以成为一名“速成的”科技史学者。如果先后攻读科技史的硕士学位和博士学位，写两篇合格的学位论文，学术训练会比较扎实。经验表明，尽量不要选非科技史的论文题目，否则，就容易以其他学科代替史学，甚至做得“四不像”，学生迟迟入不了史学研究的门。

迄今，科技史研究队伍依然过小，迫切需要一些“敬业的聪明人”。科技史人才成长周期较长，研究生在毕业之后的前十年工作非常重要。由于转行学科技史和学制比较短，我们的研究生教育普遍存在不同程度的“夹生饭”现象。②大多数硕士或博士学位获得者仍需在史学、语言等方面补短板，在科研实践

① 张柏春：《“老店”仍需“敬业的聪明人”——也谈我国科技史学科的定位与建设》，《中国科学报》2020年9月21日，第4版。

② 张柏春：《“老店”仍需“敬业的聪明人”——也谈我国科技史学科的定位与建设》，《中国科学报》2020年9月21日，第4版。

中继续提高学术水平。年轻学者应力戒浮躁，不被眼前的诱惑所左右，再坐十年“冷板凳”，跟着学科带头人和团队踏实地工作，边研究边补课。这样，就可能厚积薄发，在四十多岁之后进入高质量研究的黄金期，逐渐取得厚重的学术成果，做到“成一家之言”。

当然，学科带头人大概率工作在高水平的科研院所、大学和其他机构。即使未曾攻读科技史学位，年轻学者也可以通过博士后研究或直接做研究工作，以专家为师，甚至勤奋自学，直到修成正果，成为合格的行家。

四、学科建设的着力点

科技史是一门小众的学科。它在中国已有很好的学术积累，发展潜力较大，前景光明。面对挑战和困难，科技史同道须追求更高的境界，不断提高研究水平，壮大学术队伍，使这门学科跨上新台阶。

首先，尊重学科特点，追求高质量发展。高校的“双一流”评估旨在提高质量，为科技史这个冷门学科带来了机遇，但也造成了一定的生存压力。我们看到，高校在第四次学科评估中非常看重人才帽子、师生规模、基金项目、论文数量和获奖等方面的指标。国外许多大学的高水平科技史机构通常只有一名或几名教授带着若干名教师做工作。如果按国内拼数量的做法，这些精干的团队（学科点）早就该被裁撤，国际科技史界也就不是如今的繁荣景象了。国内对论文数和基金等指标的追求促进了师生的科研产出，但也加剧了研究工作“短平快”的功利现象和成果的碎片化。而事实上，许多重大成果都不是在基金的短期资助下取得的。理性地讲，国内高校科技史培养点不必完全跟着评估“指挥棒”走，而应当谋划更长远的高质量发展。

其次，更加重视国际视野，增强国际影响力。总的来看，国际学术共同体规模大，高人比国内多。与高水平国际同行进行交流及合作，有助于我们鉴别研究成果的质量和提升学术水平。中国真正开展国际合作研究的科技史学者偏少，而参加国际会议的“赶集式交流”的学者较多。我们的绝大多数研究成果以中文发表，而国外能阅读中文论著的同行很少，其中一部分是对科技史有研究或感兴趣的汉学家。以关于中国科技的历史研究为例，一方面，国外学者长期无法引用，甚至不了解《中国科学技术史》（中国科学院自然科学史研究所主持，卢嘉锡任总主编）和其他中文论著；另一方面，中国学者因语言或其他方面的困难，比较忽视国外同行的新研究，很少引用外文论著。当代中国学者理应从自身做起，重视以外文发表一定数量的论著，形成学术“品牌”，向国际同行展现一流的成果，突破中外学术隔阂。

实际上，中国科技史研究的国际格局也在变化之中，现在已经不同于20世纪的情景。例如，德国马普学会科学史研究所（Max Planck Institute for the History of Science）已成为国外研究中国科技史的最大基地，其第一研究室兼做中国科技史研究，第三研究室则以中国科技的文化史等为主要研究方向，每年都资助其他国家的一些学者去做合作研究。

面对知识全球化的大趋势，我们理应以更加开放的心态和更多的学术自信，加快国际化进程，进一步提升中国学术的国际影响力，并借此带动学科建设和人才培养。

中国共产党对大国工业空间布局的认识与实践（1949—2021 年）*

肖　翔

摘　要：新中国成立之后，中国共产党在领导全国人民推进工业化过程中，需要解决后发大国工业区域发展不协调问题。在新中国七十余年工业化进程中，中国共产党立足国情、世情，对工业空间布局的认识与实践不断深入，大致可以分为工业区域均衡发展、“两个大局”以及新时代工业区域协调发展三个历史阶段。总结历史经验，未来应当发挥好中国共产党总揽全局和强大的资源动员能力等优势，形成政府与市场共同发挥作用、调动中央与地方两个“积极性”，在国内国际“双循环”良性互动中实现工业区域的协调发展。

关键词：中国共产党；工业空间布局；认识与实践

肖翔，中央财经大学马克思主义学院副教授、中央财经大学社会经济发展研究所所长。主要研究新中国工业经济史

中国幅员辽阔、资源分布不均衡[①]，不仅人口数量长期稳居世界第一，而且是一个多民族的发展中大国。中华人民共和国成立之初，不仅工业化水平低，工业空间分布也极不平衡。[②]新中国成立后工业化面临双重任务：一方面亟须加快工业化步伐，尽快实现由落后的农业大国向先进的工业大国转变；另一方面又需要实现大国工业区域的协调发展，使全国工业布局科学合理。在中国共产党的领导下，经过七十余年的努力，中国不仅基本实现了工业化；也避免了其他发展中大国工业化中出现的区域经济差距过大问题。但是当前区域发展不够协调仍是中国社会主要矛盾之一。党的十九届五中全会提出 2035 年中国将“基本完成新型工业化”，而且区域发展

---

*　北京市社会科学基金重点课题“中国共产党领导中华民族伟大复兴的历史经验研究”（项目编号：20LLZZB023）的阶段性成果。

①　按照著名地理学家胡焕庸先生提出的“胡焕庸线”，以瑷珲-腾冲作为分界线，该线东南地狭人稠，而西北则地广人稀。按照 2000 年第五次全国人口普查资料，该线东南占全国国土面积的 43.8%，总人口则为全国的 94.1%。中国 80%的矿产资源分布在西北地区，石油与煤炭的 75%以上则分布在长江以北。参见梁进社、王红瑞、王天龙：《中国经济社会发展的资源瓶颈与环境约束》，《经济研究参考》2011 年第 1 期。

②　工业是采矿业、制造业以及电力、热力、燃气与水的生产和供应业三个国民经济行业门类的总称，制造业则是其中主体，2019 年规模以上工业中制造业营业收入比重达到 88.4%，根据国家统计局编《中国统计年鉴 2020》（北京：中国统计出版社，2020，第 405 页）相关数据计算。本文对于工业讨论的范围参照此口径。

差距显著缩小。[①]工业的区域协调发展，不仅有助于实现“共同富裕”、巩固民族团结，保障边疆安全稳定，还将为迈向工业强国创造更广阔的发展空间。当前许多学者侧重从新中国区域经济演变的角度进行讨论；还有一些学者聚焦具体区域政策实施过程与绩效评估，对中国共产党与工业空间格局演变的相关研究还有待深入。本文拟系统梳理总结中国共产党对工业空间布局认识与实践的历史与逻辑，为未来实现工业区域协调发展提供历史借鉴。

一、中国共产党对工业区域均衡发展的认识与实践（1949—1978 年）

中国是一个地域辽阔、发展非常不平衡的大国，区域之间不同的要素禀赋以及历史形成的生产力差异使得其工业化进程面临严峻的区域不平衡问题。改革开放之前，中国共产党选择了工业区域均衡发展战略，通过强大的资源动员能力，使工业布局趋于合理，缓解了工业发展的区域不平衡。

（一）“一五”时期党对工业区域均衡发展的认识与实践

近代中国工业是在半殖民地半封建的环境中发展起来的，不仅工业基础薄弱，区域之间工业发展也极不平衡。重工业主要分布在原为日本占领的东北地区，如鞍山钢铁公司（简称鞍钢）1949 年钢材产量就达全国的 55.4%。[②]轻工业主要分布于沿海地区的大城市。虽然当时纺织工业的重镇上海与江苏远离原料产地，但生产的纱锭仍占全国 60%以上。[③]1952 年沿海工业占全国工业产值将近 70%。[④]

1953 年中国开始大规模社会主义工业化建设。中国共产党领导制定的“一五”计划明确提出要逐渐改变工业地区分布的不合理状态，并将实现工业合理布局作为国民经济中的重要任务之一。[⑤]“一五”计划还提出工业布局的原则：接近原料、燃料的产区和消费地区，并巩固国防。[⑥]“冷战”背景下，毗邻苏联的东北，以及相对安全的中、西部地区成为“一五”时期建设的重点区域。东部沿海地区则在“冷战”阴影下，工业建设相对薄弱。“一五”计划中“156 项”及 694 个限额以上的工业项目主要分布于东北、中、西部地区。[⑦]

“一五”时期在中国共产党的领导下，一方面，中国对重工业基础较好的东北地区进行了大规模的投

① 《中共中央关于制定国民经济和社会发展第十四个五年规划和二〇三五年远景目标的建议》，《人民日报》2020 年 11 月 4 日，第 4 版。

② 《鞍钢志》（上卷），北京：人民出版社，1991，第 16 页。

③ 褚葆一、唐雄俊、许心礼：《十年赶上英国》，上海：上海人民出版社，1959，第 46 页。

④ 根据《新中国六十年统计资料汇编》（北京：中国统计出版社，2009）相关数据计算。

⑤ 参见《建国以来重要文献选编》第 6 册，北京：中央文献出版社，1993，第 311 页。

⑥ 参见《建国以来重要文献选编》第 6 册，北京：中央文献出版社，1993，第 423 页。

⑦ 106 个民用工业项目中，东北拥有 50 项，中部与西部分别拥有 31 项与 24 项；在 44 个国防项目中，则有 35 个布置在中、西部地区，其中 17 个安排在陕西省。根据董志凯、吴江《新中国工业的奠基石：156 项建设研究》（广州：广东经济出版社，2004，第 415—416 页）相关数据整理。“一五”时期，限额以上的 694 个工业建设单位分布在内地的有 472 个，分布在东部沿海各地的仅有 222 个。参见全国人大财政经济委员会办公室、国家发展和改革委员会发展规划司编：《建国以来国民经济和社会发展五年计划重要文件汇编》，北京：中国民主法制出版社，2008，第 631 页。

资，既巩固、扩建了旧有的工业企业，又兴建了一批大型工厂。在中国共产党的领导下东北地区在较短时期内形成了鞍钢、中国第一汽车制造厂（简称一汽）、沈阳第一机床厂等一大批龙头企业。另一方面，国家将大批重工业的新增工业项目直接安排到工业基础薄弱的中、西部地区。例如，“一五”时期包头钢铁工业基地开始大规模建设，有效利用了白云鄂博的矿产资源。1959 年 7 月 26 日，包头钢铁公司的一号高炉投产出铁，填补了内蒙古冶炼工业的空白。①出于靠近原材料、能源以及交通等方面的考虑，中国共产党还在内地兴建了株洲、大同、洛阳、郑州等一批工业城市。在中国共产党部署下，不仅将一批重大工业建设项目直接安排在这些新兴工业城市，而且对这些工业项目的相关配套企业也进行了统筹规划，并且对城市基础设施进行了大规模建设。在国家的整体推动下，较短时期内这些工业城市形成了各具特色的产业集群，改变了当地工业薄弱的状况，有效推动了内地工业的发展。

（二）中国共产党关于发展东部沿海地区工业的探索与调整

“一五”时期内地工业实行跨越式发展的同时，东部沿海地区工业潜力却有待发挥。②1956 年毛泽东做出了“可能有十年或者更长一点的和平时期”的战略判断，强调“沿海的工业基地必须充分利用”。③中共八大提出，应当充分利用近海原有的工业基地来迅速推进内地新的工业基地建设。④“二五”计划进一步强调“充分利用和适当加强华东、华北、华南各地区近海城市的工业”⑤。

“二五”时期，东部沿海地区工业发展是在“大跃进”中中央向地方放权背景下推进的。1958 年 6 月，中共中央提出要“形成若干个具有比较完整的工业体系的经济区域”⑥。地方政府有了较大自主权之后，东部沿海地区的地方积极性被调动起来，大力推动本地工业“大干快上”。例如，1958 年 8 月上海市委提出比全国钢铁产量翻一番的更高目标，要求上海 1958 年钢产量比 1957 年增长 1.3 倍。⑦1958 年江苏吴县全县办起 100 多个社办厂，主要是农机具修造、土化肥、土农药、土水泥等。⑧

在“大跃进”向地方放权的浪潮中，基础较好的东部沿海地区，在地方政府的推动下工业发展较为迅速。尽管陈云强调：“我们在进行工业布局的时候，必须按照‘全国一盘棋’的精神。”⑨但由于地方政府不承担资金、物资、外汇的全国综合平衡责任，在“大跃进”狂热的气氛下形成了各地区之间工业相互攀比，导致全国经济紧张失衡。国民经济调整时期中央政府不得不再次将经济权力上收以结束经济混

---

① 邢野主编：《内蒙古通志·第三编·经济》（下），呼和浩特：内蒙古人民出版社，2007，第 136 页。

② 据 1956 年估计，上海 40 种主要工业品的设备利用率有 35 种在 80%以下，其中 16 种甚至在 40%以下。参见汪海波主编：《新中国工业经济史》，北京：经济管理出版社，1986，第 184 页。

③ 《建国以来重要文献选编》第 8 册，北京：中央文献出版社，1994，第 246 页。

④ 参见《建国以来重要文献选编》第 9 册，北京：中央文献出版社，1994，第 345 页。

⑤ 《建国以来重要文献选编》第 9 册，北京：中央文献出版社，1994，第 191 页。

⑥ 《建国以来重要文献选编》第 11 册，北京：中央文献出版社，1995，第 344 页。

⑦ 《当代中国的上海》（上），北京：当代中国出版社，2009，第 165 页。

⑧ 江苏省地方志编纂委员会编：《江苏省志·乡镇工业志》，北京：方志出版社，2000，第 24 页。

⑨ 《建国以来重要文献选编》第 12 册，北京：中央文献出版社，1996，第 95 页。

乱，而且随着国际环境的紧张，中国共产党对于发展东部沿海地区的探索不得不进行调整。

（三）20世纪六七十年代“备战”压力下党对发展中、西部工业的探索

20世纪60年代之后中国的国际环境日趋紧张，不仅中苏、中印关系恶化，而且随着“越战”升级，中美关系进一步紧张。中国一度有被美国进行核打击的危险。①1964年毛泽东提出工厂集中在沿海地区不利于备战。②周恩来也强调，大力加强内地工业建设，使全国各地工业的发展逐步趋于平衡与合理，改变少数民族地区经济落后状况。③在“备战”的压力下，1964年以毛泽东为代表的第一代领导人开始推动“三线建设”，中、西部地区再一次成为工业建设的重点。

中国共产党凭借强大的资源动员能力，在工业落后的中、西部地区建立了较为完备的工业体系与国防工业。一方面，在中国共产党的领导下，中国集中对“三线地区”进行大规模投资。“三线地区”1953—1965年基本建设新增固定资产占全国的29.92%，而“三五”时期上升为36.48%、“四五”时期为35.45%。④另一方面，中国政府调动全国资源，支援“三线地区”，尤其是东北、东部沿海地区企业通过搬迁、老厂包建新厂与技术支援等方式，积极援建中、西部地区。例如，截至1971年，在建设贵州水城钢铁厂的过程中，鞍钢先后派去施工队伍6600多人，生产骨干和生产准备人员2000多人。⑤在中国共产党“三线建设”的战略部署下，中国还修筑了成昆、川黔、贵昆等铁路，为开发内地资源、能源创造了良好的条件。经过“三线建设”，西南、西北工业都有了较大的发展。在“三线建设”战略的推动下，内地攀枝花、六盘水等一批资源型工业城市迅速崛起。

（四）党对区域工业均衡发展探索的绩效与逻辑

中国共产党在20世纪50—70年代实施了区域均衡发展战略，这在一定程度上缓解了工业区域分布不均衡的矛盾。1952年沿海与内地⑥工业增加值之比为69.4∶30.6，1978年演变为60.9∶39.1。1952年沿海与内地工业固定资产原值之比为72∶28，1978年为43.9∶56.1。从重工业产品来看，1952年钢铁产量沿海与内地之比为85.8∶14.2，1978年为62.8∶37.2；发电量1952年沿海与内地之比为63.6∶36.4，1978年演变为51.4∶48.6。内地机械工业也得到了显著提升。例如，金属切削机床1952年沿海与内地之

---

① 陈东林：《评价毛泽东三线建设决策的三个新视角》，《毛泽东邓小平理论研究》2012年第8期。

② 参见《毛泽东年谱（一九四九—一九七六）》第五卷，北京：中央文献出版社，2013，第391页。

③ 参见《建国以来重要文献选编》第19册，北京：中央文献出版社，1998，第486页。

④ 根据国家统计局固定资产投资统计司编《中国固定资产投资统计年鉴（1950—1995）》（北京：中国统计出版社，1997，第79—83页）相关数据计算。

⑤ 参见《冶金工业部文件（1971）冶计字第92号》，载《六盘水市志》编委会编：《六盘水市志·冶金工业志》，贵阳：贵州人民出版社，2003，第311—312页。

⑥ 在长时期国内的区划有一定的调整。此处沿海范围包括北京、天津、河北、辽宁、上海、江苏、浙江、福建、山东、广东、广西等11个省、自治区、直辖市；内地则包括山西、内蒙古、吉林、黑龙江、安徽、江西、河南、湖北、湖南、四川、贵州、云南、西藏、山西、甘肃、青海、宁夏、新疆等18个省、自治区。参见国家统计局工业交通物资统计司编：《中国工业经济统计资料（1949—1984）》，北京：中国统计出版社，1985，第362页。1988年沿海与内地的划分在此基础上沿海加入海南省，1997年内地加入重庆市。

比为 92∶8，1978 年演变为 64.7∶35.3。①一些内地省份机械工业从近乎空白发展成为当地的支柱产业。例如，甘肃 1949 年机械工业仅占本省工业比重的 4.4%；到 1975 年则上升为 30.4%。②中国还在酒泉、重庆等内陆地区建立了强大的国防工业。内地轻工业在这一时期也得到较快发展，以布产量为例，1952 年沿海与内地之比为 81.6∶18.4，1978 年为 59.3∶40.7。③

中国是一个幅员辽阔的大国，笔者进一步从东部、中部、西部、东北地区④四大经济板块工业在全国的地位变化来考察中国工业格局演变。1952 年东部地区工业占全国比重为 49.3%、东北为 24.6%、西部为 13.6%、中部为 12.6%。⑤经过“一五”建设，工业基础较好的东部地区比重有所下降，1957 年下降到 47.8%，工业基础较为薄弱的西部地区则上升为 15.5%，东北与中部地区大体保持不变，分别为 24%、12.7%。随着“三线建设”的推进，中、西部地区工业得到较快发展。1978 年中国中部地区工业占全国比重上升为 16.7%，西部地区上升为 16.4%。工业重镇东北大量承担了中、西部地区的援建工作，而且作为东北地区支柱性产业的资源型产业产品附加值相对较低。同时随着中苏关系不断紧张，东北在 20 世纪 60 年代以后也不再是国家投资的重点。1960 年东北工业占全国比重达到 25.9%以后开始不断下降，1978 年为 18.2%。东部地区工业潜力未能得到充分发挥，1965 年曾一度下降为 46.6%，1978 年为 48.7%。⑥从各大区域工业化进程来看，1952 年中部工业化率为 10.3%，西部为 12.8%；1978 年分别上升为 36.1%、36.9%。东北与东部工业化率分别从 1952 年的 34.9%、22.9%上升为 1978 年的 60.9%、52.2%。⑦

中国共产党区域工业均衡发展的认识与实践直接推动了内地，尤其是中、西部地区工业化，但东部沿海地区工业潜力却未能得到充分发挥。这一时期的发展有以下特点。

第一，中国共产党对大国工业空间布局不仅从开发内地能源、资源等“经济因素”来考虑，而且还需要统筹兼顾国家安全、大国稳定、民族团结等“非经济因素”。所以建国之初在全国工业化水平较低，内地工业基础更为薄弱的条件下，中国共产党就选择了大国区域均衡发展战略。这种战略从经济的角度来看也许并不是最优的，中国共产党也曾经有过发展东部沿海地区的探索，东部沿海地区的地方政府也有动力推动本地区的工业发展。但在严峻的国际局势与经济运行紧张失衡下，最终中国共产党还是坚持“全国一盘棋”，将有限的资源集中于内地，尤其是中、西部地区。

---

① 根据国家统计局工业交通物资统计司编《中国工业经济统计资料（1949—1984）》（北京：中国统计出版社，1985，第 137、140—141 页）相关数据计算。

② 《当代中国的甘肃》（上），北京：当代中国出版社，香港：香港祖国出版社，2009，第 244 页。

③ 根据国家统计局工业交通物资统计司编《中国工业经济统计资料（1949—1984）》（北京：中国统计出版社，1985，第 140 页）相关数据计算。

④ 在中华人民共和国成立之初曾经建立了六个行政区，1958 年成立了七大经济协作区，1970 年又建立了十大经济协作区。为了全文一致，这里选取东部、中部、西部和东北地区四大经济板块进行比较分析。东部包括北京、天津、河北、上海、江苏、浙江、福建、山东、广东和海南；中部包括山西、安徽、江西、河南、湖北和湖南；西部包括内蒙古、广西、重庆、四川、贵州、云南、西藏、陕西、甘肃、青海、宁夏和新疆；东北包括辽宁、吉林和黑龙江。参见《我国东西中部和东北地区划分方法》，《统计与咨询》2012 年第 6 期。

⑤ 数据进行四舍五入，故东部、东北、中部、西部加总不为 100%。

⑥ 根据《新中国六十年统计资料汇编》相关数据计算。

⑦ 根据《新中国六十年统计资料汇编》相关数据计算。

第二，中国共产党对于区域均衡发展的探索建立在优先发展重工业道路与传统计划经济基础之上。在优先发展重工业战略下，位居内地的中、西部地区工业化存在双重升级的要求，即一方面需要从以农业为主的经济结构向以工业为主升级；另一方面工业内部又要求从以轻工业为主向以重工业为主升级。内地工业的双重升级依靠市场力量甚至地方政府都难以实现。在中国共产党工业区域均衡发展战略下，中央政府的“有形之手”直接配置资源，让全国生产要素向内地集中，有效地打破了落后地区的“贫困性陷阱”，开发了内地丰富的资源与能源；内地还建立了大规模国防工业，形成了大国纵深的防御体系。少数民族地区也开启了工业化进程，为这些地区经济的繁荣发展奠定了重要的基础。重工业基础较好的东北地区“一五”时期，在政府主导下进行了大规模的建设，成为当时中国优先发展重工业的“排头兵”。随着中国共产党区域建设重心转移，东北地区在政府推动下大力支援中、西部工业建设，为中、西部重工业赶超发展起到了战略支撑作用。内地工业的较快发展又是在传统计划经济体制下，通过政府在资金、人才、设备等方面大力支持下实现的。这一方面符合内地工业化初始阶段“跨越式发展”的要求；但另一方面在工业初具规模之后，其工业的内生发展机制还有待探索。

第三，从整体来看 20 世纪 50—70 年代东部沿海地区不仅不是建设的重点，而且在政府“有形之手”作用下，其生产要素还大规模地向内地，尤其是中、西部地区流动。这种资源的流动并不遵循经济利益最大化的原则，而是更多地服务于中国共产党区域均衡发展的战略意图。东部沿海地区生产要素向内地流动，不仅经济效益有待提高，而且其生产优势与潜力长期未能得到充分发挥。从长期发展来看，虽然工业空间均衡发展战略有效地改变了建国初期工业分布极不平衡的状态，但这种均衡发展只是低水平的均衡，中国共产党区域战略仍将面临新的调整。

二、中国共产党“两个大局”战略部署与工业区域非均衡发展

在内地工业已经初具规模、国际局势逐渐缓和的背景下，中国共产党选择了“两个大局”战略部署。在“第一个大局”的推动下，东部沿海地区工业快速发展的同时，又带来了区域差距不断拉大的问题。20 世纪 90 年代中后期中国共产党积极探索区域协调发展的“第二个大局”，区域之间工业差距拉大趋势在一定程度上得到了缓和，但是区域之间仍然存在不协调的问题。

（一）中国共产党对于“第一个大局”的探索与工业区域非均衡发展

改革开放之后中国共产党的工业空间布局开始向“两个大局”转变。邓小平 1978 年提出“让一部分地区先富起来”[①]。1988 年邓小平阐释了“两个大局”，他指出，“使这个拥有两亿人口的广大地带（沿海地区——笔者注）较快地先发展起来”，即区域发展的“第一个大局”；“反过来，发展到一定的时候，又要求沿海拿出更多力量来帮助内地发展”，即区域发展的“第二个大局”。[②]1992 年邓小平南方谈话中再次

---

① 邓小平：《邓小平文选》第三卷，北京：人民出版社，1993，第 155 页。

② 邓小平：《邓小平文选》第三卷，北京：人民出版社，1993，第 277—278 页。

强调了“两个大局”重要思想。[①]

“两个大局”中的“第一个大局”意味着经济发展条件较好、具有区位优势的东部沿海地区要率先开放，加快发展，带动全国工业化。1979 年邓小平在听取广东省委习仲勋等关于试办出口加工区的汇报后说：“中央没有钱，可以给些政策，你们自己去搞。”[②]1979 年中共中央决定在深圳、珠海、汕头和厦门试办特区，1980 年正式定名为“经济特区”[③]，并且支持广东、福建两省更多利用市场调节[④]。经济特区成为市场化改革的试验场，在外资管理制度、建筑工程招标制度、土地流转制度、劳动就业制度等方面改革都取得率先突破。经济特区还率先获得了计划决策权、财政、外汇包干等经济自主权，地方政府可以因地制宜，采取各种灵活政策，推动经济特区工业化。

当时西方资本主义国家和地区面临总体经济萧条、资本相对过剩的困境和产业结构升级后劳动密集型产业向外转移的需求。经济特区对外开放后吸引了大规模外资的流入，有效推动了中国内地的工业化。1984 年深圳特区合资工业产值占总工业产值达到 32.6%。[⑤]经济特区还成为当时中国对外开放的重要窗口，吸引了全国资源的流入，如通过“内联”，大量国内资源流入深圳。特区成立 4 年多来，深圳特区与中央部委，其他省、市、县合作，联合兴办企业 500 多家。1983 年内联工业的总产值已占深圳特区当年工业总产值的 22%。[⑥]

经济特区取得成功之后，1984 年中共中央提出沿海港口城市势必要先行一步[⑦]，决定开放沿海 14 个港口工业城市。1985 年长三角、珠三角与闽南三角区成为沿海经济开放区。1988 年海南建省，1992 年设立上海浦东新区。东部沿海地区凭借区位与政策优势，率先享受了国际大循环中的“开放红利”。随着市场化的推进，在市场机制作用下，中、西部及东北地区的资源（包括资金、人才等）向东部沿海地区聚集。

在“第一个大局”部署下，沿海地区工业快速扩张，推动了全国工业化；但沿海与内地工业差距也不断拉大。1979 年沿海与内地工业增加值之比为 58.7∶41.3，1997 年演变为 63.3∶36.7。1978 年沿海与内地工业固定资产原值之比为 43.9∶56.1，1984 年为 43.4∶56.6，1997 年演变为 58∶42。再从重要工业品来看，基础型工业产品沿海与内地的变化并不大，1980 年钢铁产量沿海与内地之比为 60.4∶39.6，1997 年为 60.3∶39.7；1980 年发电量为 50∶50，1997 年为 50.71∶49.29。但是一些技术密集型工业产品区域之间的结构则表现出较大变化。1980 年金属切削机床沿海与内地之比为 69.4∶30.6，1997 年变化为 84.7∶15.3。1980 年汽车工业沿海内地之比为 37.2∶62.8，1984 年为 38∶62，1997 年则为 50.5∶49.5。

---

① 参见邓小平：《邓小平文选》第三卷，北京：人民出版社，1993，第 374 页。

② 中共中央文献研究室编：《邓小平思想年谱（1975—1997）》，北京：中央文献出版社，1998，第 117 页。

③ 中共中央文献研究室编：《邓小平年谱（1975—1997）》（上），北京：中央文献出版社，2004，第 510 页。

④ 中共中央文献研究室编：《新时期经济体制改革重要文献选编》（上），北京：中央文献出版社，1998，第 51 页。

⑤ 《深圳经济特区年鉴（1985）》，香港：香港经济导报社，1985，第 588 页。

⑥ 何云华、方新：《内联促进深圳经济发展　四年多来联合兴办五百多个企业》，《人民日报》1984 年 10 月 17 日。

⑦ 中共中央文献研究室编：《十一届三中全会以来重要文献选读》下册，北京：人民出版社，1987，第 735 页。

沿海地区轻工业产品也取得较快发展，例如，1980 年布产量沿海与内地之比为 57.4：42.6，1997 年为 65.7：34.3。从四大经济区域来看，1979 年东部地区工业产值占全国的 48.3%，1997 年上升为 56.4%；而工业重镇东北的工业产值在全国比重则出现了显著的下降，1979 年为 17.6%，1997 年下降为 11.9%；中部地区大体持平，1979 年为 17.6%，1997 年为 17.4%；西部地区则有所下降，1979 年为 16.6%，1997 年为 15%。[①]

（二）中国共产党对于“第二个大局”的探索与工业区域格局演变

进入 20 世纪 90 年代中后期，工业区域差距拉大不仅不利于实现“共同富裕”，还影响了内需的扩大。20 世纪 90 年代末中国共产党开始探索“第二个大局”，江泽民将缩小区域差距作为“关系我国跨世纪发展全局的一个重大问题”[②]。1999 年在中国共产党“西部大开发”[③]战略的推动下，政府对西部地区进行了大规模的基础设施投资，为西部地区工业长期发展打下了良好的基础。政府还通过各种政策优惠[④]，鼓励高新技术企业和机电企业的发展[⑤]；立足西部国防企业资源丰富的优势，推动了军转民技术产业化。西部工业取得较快发展，缩小了区域差距，扩大了内需，促进了全国工业化的推进。

2003 年党的十六届三中全会将“统筹区域发展”作为“科学发展观”的重要组成部分。针对东北老工业基地发展乏力，以及在全国工业地位不断下降的状况，2003 年中共中央提出了“振兴东北老工业基地”战略，加大了对东北地区工业企业的支持力度[⑥]，东北地区一批国有工业企业在这一时期也进行了优化重组[⑦]。中部地区是中国工业的重镇，但 2000 年以后由于体制机制转换不足，缺乏相关政策支持，出现了“中部凹陷”。2006 年中共中央提出了“中部崛起”战略，指出将中部地区建设成为全国重要能

---

① 1979 年、1997 年的沿海、内地工业比重；东部、中部、西部与东北工业占全国比例为笔者根据《新中国六十年统计资料汇编》相关数据计算。1978 年、1984 工业固定资产原值沿海、内陆数据来源于国家统计局工业交通物资统计司编：《中国工业经济统计资料（1949—1984）》，北京：中国统计出版社，1985，第 137 页；1997 年为笔者根据国家统计局编《中国统计年鉴 1998》（北京：中国统计出版社，1998）相关数据计算。1980 年钢铁、发电量、汽车、金属切割机床、布数据根据国家统计局编《中国统计年鉴 1981》（北京：中国统计出版社，1982）相关数据计算。1984 年汽车来源于国家统计局工业交通物资统计司编：《中国工业经济统计资料（1949—1984）》，北京：中国统计出版社，1985，第 137 页。1997 年钢铁、发电量、汽车、金属切割机床、布数据根据国家统计局编《中国统计年鉴 1998》（北京：中国统计出版社，1998）相关数据计算。

② 江泽民：《江泽民文选》第二卷，北京：人民出版社，2006，第 340 页。

③ 西部大开发的区域，包括陕西省、甘肃省、青海省、宁夏回族自治区、新疆维吾尔自治区、四川省、重庆市、云南省、贵州省、西藏自治区、内蒙古自治区、广西壮族自治区 12 个省、自治区、直辖市及湖南湘西、湖北恩施、吉林延边等 3 个少数民族自治州，国土面积为 685 万平方千米，占全国的 71.4%。2002 年末，这些地区总人口为 3.67 亿人，占全国的 28.8%。2003 年，国内生产总值为 2266 万亿元，占全国的 16.8%。参见陈夕主编：《中国共产党与西部大开发》，北京：中共党史出版社，2014，第 3 页。

④ 对设在西部地区国家鼓励类的内资企业，在一定时期内，按减 15%的税率缴纳企业所得税。参见中共中央文献研究室编：《改革开放三十年重要文献选编》（下），北京：中央文献出版社，2008，第 1126 页。

⑤ 科研院所、高新技术企业和机电产品生产企业的注册资金由 200 万元调整到 100 万元。参见《国务院关于实施西部大开发若干政策措施的通知》，《中华人民共和国国务院公报》2001 年第 1 期。

⑥ 在“振兴东北老工业基地”战略下，为推动老工业基地的转型升级，中国政府加大了项目投资、财税优惠、债务减免等一系列扶持措施。以项目投资为例，2003 年第一批 100 个工业结构调整改造国债项目批准立项后，2004 年又安排了第二批 197 个国债项目立项。参见中共中央文献研究室编：《十六大以来重要文献选编》（中），北京：中央文献出版社，2006，第 433 页。

⑦ 地处辽宁的国有大型钢铁企业鞍钢与本钢 2005 年重组成立鞍本钢铁集团。新组建的鞍本钢铁集团年销售额达到 1000 亿元。参见鞍钢史志编纂委员会编：《鞍钢年鉴 2006》，北京：冶金工业出版社，2006，第 7—8 页。

源原材料基地、现代装备制造及高技术产业基地。[①]对于中部地区的老工业基地也参照“振兴东北老工业基地”战略，进行了相关政策支持。

在中国共产党“第二个大局”的战略部署下，工业空间格局再次发生变化。1998—2011 年内地工业占全国的比重有所提升[②]：1998 年工业增加值沿海与内地之比为 63.8∶36.2，2011 年为 57.8∶42.2。从重要工业产品来看，由于河北钢铁工业的大规模扩张，1998 年粗钢沿海与内地之比为 55.1∶44.9，2011 年为 64.1∶35.9。发电量则大体维持稳定，1998 年沿海与内地之比为 47.7∶52.3，2011 年为 46.3∶53.7。金属切割机床 1998 年沿海与内地之比为 83.2∶16.8，2011 年为 76.3∶23.7。汽车行业沿海发展速度则高于内地，1998 年沿海与内地之比为 46.6∶53.4，2011 年为 58.6∶41.4。沿海地区以纺织为代表的轻工业生产优势也进一步扩大，1998 年布产量沿海与内地之比为 60.4∶39.6，2011 年为 78.9∶21.1。从四大经济区域来看，1998 年东部地区工业占全国比重为 56.8%，2009 年曾达到 59.8%，而后出现下降趋势，2011 年下降为 50.4%。1998 年西部地区占全国比重为 14.8%，2011 年上升为 18.6%；中部地区 1998 年占全国比重为 17.5%，2011 年为 21.2%。西部与中部地区在全国工业的相对地位有所提升。东北地区 1998 年占全国比重为 10.9%，2005 年下降为 8.8%，在“振兴东北老工业基地”战略下，2011 年保持为 9.2%。进入工业化中后期的东部地区工业增长速度有所放缓，但是从工业发展水平来看，中、西部以及东北与东部地区相比仍然存在较大差距。2011 年中、西部以及东北人均工业增加值分别为东部地区的 59%、51.3%、83.4%。而且东部地区在一些附加值较高的产业，如汽车工业[③]，其优势还在进一步扩大[④]。

（三）中国共产党“两个大局”战略部署与工业空间格局演变的历史逻辑

改革开放之后，中国共产党为实现中国工业化快速推进与区域均衡发展，进行了“两个大局”的重要战略部署，对中国工业空间格局演变产生了深远的影响。

第一，为实现工业化快速推进，中国共产党选择了“让一部分地区”先富起来的“第一个大局”。与计划经济时期政府大规模投资不同，改革开放之后，让一部分地区率先发展起来更多体现为给予政策支持。东部沿海地区率先开放，融入美国主导的世界经济体系，其成本低廉（包括劳动力、土地等）的比较优势凸现。境外投资者大规模涌入东部沿海地区，带来了丰富的资金、先进的技术与管理经验，提高

---

① 中共中央文献研究室编：《十六大以来重要文献选编》（下），北京：中央文献出版社，2008，第 415 页。

② 工业企业的统计范围：1998—2006 年为全部国有和年主营业务收入 500 万元及以上的非国有工业法人单位，2007—2010 年为年主营业务收入 500 万元及以上的工业法人单位；从 2011 年开始，为年主营业务收入 2000 万元及以上的工业法人单位。分类参见国家统计局编：《中国统计年鉴 2020》，北京：中国统计出版社，2020，第 404 页。

③ 1998 年东部地区汽车产量占全国比重为 37.8%，2011 年进一步上升为 46.8%，以上数据为笔者根据国家统计局编《中国统计年鉴 1999》（北京：中国统计出版社，1999）、《中国统计年鉴 2012》（北京：中国统计出版社，2012）相关数据计算。

④ 1998 年、2011 年的沿海、内地工业比重，中部、西部、东北与东部工业占全国比重以及人均工业增加值为笔者根据《新中国六十年统计资料汇编》、《中国统计年鉴 2012》（北京：中国统计出版社，2012）相关数据计算。1998 年、2011 年沿海与内地工业固定资产增加值、钢铁、发电量、汽车、金属切割机床、布数据为笔者根据国家统计局编《中国统计年鉴 1999》（北京：中国统计出版社，1999）、《中国统计年鉴 2012》（北京：中国统计出版社，2012）相关数据计算。

了东部沿海地区工业经济效率。而且随着东部沿海地区对外开放的深入，其与实行市场经济的资本主义国家和地区来往日益密切，东部沿海地区市场化改革也走在全国前列。改革开放之后，东部沿海地区更多面向市场，生产由市场定价、利润较高的轻工业产品；内地工业则主要集中于基础型重工业生产，20世纪80年代其产品价格受到了较多的政府管制。东部沿海地区享受了价格“双轨制”改革带来的红利。东部沿海地区地方政府还率先获得了更大的经济自主权。综上所述，对外开放、市场化改革与地方放权的“非均衡性”，使东部沿海率先获得了“开放红利”“改革红利”“分权红利”，在推动本地区工业发展的同时也使其与其他区域差距不断拉大。

第二，市场经济的“马太效应”与发展型地方政府制约了“第二个大局”的实现。改革开放之后，随着市场化的推进，在市场机制下，资本、人力、技术等生产要素向效率更高的东部沿海地区汇集，加剧了区域发展的不平衡。而且改革开放之后，通过向地方放权形成了发展型地方政府。一方面，发展条件更好的东部沿海地区，发展型地方政府更容易推动当地工业的发展；另一方面，区域之间工业化的差距带来了地方财力的差距，导致地方公共品（包括基础设施、教育、医疗等）提供水平的差异，加剧内地资源，尤其是人力资源向东部沿海地区流动。市场经济的“马太效应”被发展型地方政府进一步强化。虽然中国共产党在“第二个大局”探索中，采取了一系列措施，缩小区域差距。但是与改革开放前不同，政府“有形之手”发挥作用受到“市场无形”之手与发展型地方政府的制约，区域政策效果受到一定限制。

第三，中国融入国际大市场对工业空间格局协调发展产生影响。改革开放之初东部沿海地区采取“两头在外”“大进大出”的生产模式①，率先融入美国主导的国际大循环之中。改革开放初期这种开放模式，让东部沿海地区享受了全球化的红利，劳动密集型产业与生产环节取得较快发展。改革开放前建立的内地工业主要服务于国内工业体系，为全国工业提供能源、资源以及机械设备等基础型工业产品。但在国际大循环下，改革开放后东部沿海地区的原材料、机器设备等中间品主要来源于海外进口；内地的基础性工业，尤其是机械工业生产受到较大的冲击。而东部沿海地区工业在参与世界产业分工中，长期被锁定在价值链的中低端，对内地工业产生的辐射、带动效应有限。所以嵌套在西方主导的工业价值链体系的国际大循环，虽然在改革开放初期有效推动了东部沿海地区的发展，但是随着中国工业化的推进，其成为中国区域难以协调发展的重要原因，这在一定程度上也抵消了中国共产党“第二个大局”的政策效果。

三、新时代中国共产党工业区域协调发展的认识与实践

进入新时代以后，中国共产党立足大国内部各区域之间工业化阶段的差异，在迈向工业强国进程中

① “两头在外”是一种生产模式，就是指把生产经营过程的两头（原材料和销售市场）放在国际市场；“大进大出”指的是大量进口的同时也大量出口。

积极探索区域协调发展。

（一）新时代中国共产党工业区域协调发展的战略部署

工业区域发展不协调是区域发展不平衡的重要原因，成为新时代社会主要矛盾的重要组成部分。党的十八届五中全会将“协调”作为五大发展理念之一，党的十九届五中全会提出：“更好促进发达地区和欠发达地区、东中西部和东北地区共同发展。”①新时代中国共产党统筹全国资源，在原有区域战略的基础之上，进一步提出了“一带一路”倡议、京津冀协同发展、长江经济带和粤港澳大湾区建设等空间发展战略。中央政府还通过自由贸易区建设、加强中央政府向落后地区的转移支付、促进区域之间合作等政策措施推动工业的区域协调发展。长江经济带覆盖中国11个省（直辖市），上、中、下游工业化阶段存在差距。②国务院指出“使长江经济带成为推动我国区域协调发展的示范带”③。长江经济带发挥流域沿线地区各自的比较优势，在电子信息、高端装备、汽车、家电、纺织服装五大领域积极培育世界级制造业集群。粤港澳大湾区战略首次将香港、澳门纳入国家大计，将其与工业强省广东省统筹规划。广东省抓住粤港澳大湾区建设的历史机遇，发挥新经济的引擎作用，不断延伸工业的价值链，为东部沿海地区制造业率先实现高质量发展提供新的动力。在京津冀协同发展的战略部署下，中国政府积极疏解北京非首都功能，推动区域内要素市场一体化、交通一体化，将北京的创新优势与天津、河北的制造优势有机结合起来，在区域内逐步形成产业链的分工、协作，助推区域协调发展。

习近平指出：“中国开放的大门不会关闭，只会越开越大。”④在“一带一路”的带动下，内地也成为对外开放的前沿，内地工业将在更广阔的区域和更密切的国际经济合作中，进一步延伸产业链，享受更多的“开放红利”。例如，内陆工业大省陕西，发挥能源化工和重大装备制造领域具有的独特优势，在“一带一路”的带动下，积极参与国际合作，为本地相关工业高水平发展提供了历史契机。⑤

自由贸易区的建设是中国共产党新时代实现区域协调发展的又一重要制度创新。2013年上海自由贸易区成立，推动了东部沿海地区高水平开放，在全国范围内产生了“示范效应”。自由贸易区向内地不断延伸⑥，推动了内地工业的转型升级。例如，陕西省高端军工资源雄厚，军民融合创新体制改革是陕西自由贸易区探索的重点任务之一。在陕西自由贸易区，美国汉胜等联合体与中航工业西安飞行自动控制

---

① 《中共中央关于制定国民经济和社会发展第十四个五年规划和二〇三五年远景目标的建议》，《人民日报》2020年11月4日，第4版。

② 其中已经完成工业化的上海、浙江、江苏进入工业化后期，而湖南则处于工业化中后期，贵州、云南等西部省份则处于工业化中期。

③ 国务院：《国务院关于依托黄金水道推动长江经济带发展的指导意见》，2014年9月25日，http：//www.gov.cn/zhengce/content/2014-09/25/content_9092.htm，2021年9月25日。

④ 习近平：《决胜全面建成小康社会 夺取新时代中国特色社会主义伟大胜利——在中国共产党第十九次全国代表大会上的报告》，《人民日报》2017年10月28日，第5版。

⑤ 陕西鼓风机（集团）有限公司收购捷克EKOL汽轮机公司；陕西煤业化工集团有限责任公司控股建设的中大石油炼油项目在吉尔吉斯斯坦投产运行。参见李永全主编：《“一带一路”建设发展报告（2019）》，北京：社会科学文献出版社，2019，第306—307页。

⑥ 2015年党中央、国务院决定在广东、天津、福建设立自由贸易区之后，2016年进一步在辽宁省、浙江省、河南省、湖北省、重庆市、四川省、陕西省新设七个自由贸易试验区。2019年8月2日，国务院批复同意在山东、广西、云南、黑龙江等地设立自由贸易试验区。

研究所合作的大飞机生产配套项目；与 771 所、877 所合作的 6 英寸半导体生产线等一大批军民融合项目已经开始进入实质性建设运营阶段。[①]党的十九届五中全会提出，完善自由贸易试验区布局，建设对外开放新高地。[②]自由贸易区建设与“一带一路”倡议相互配合，共同推动了内地的对外开放，为实现工业区域协调发展创造良好条件。

为进一步实现区域协调发展，党的十九届五中全会提出：“完善转移支付制度，加大对欠发达地区财力支持，逐步实现基本公共服务均等化。”[③]人才是工业高质量发展的关键。在中央政府的统筹下，中国不断缩小区域间的基本公共服务差距，为促进区域之间人才有序流动创造良好条件。中央政府还提出“东西部扶贫协作和对口支援”[④]。例如，云南昭通是广东东莞对口支援城市，在双方政府的推动下，昭通生产成本（主要包括劳动力、用电以及土地等）低廉的优势和东莞电子产业发达的优势有机结合，昭通较好地承接了东莞的产业转移，初步形成以电子类企业为主的产业集群。[⑤]为实现东北振兴，中国还在国家层面对东北地区与东部地区对口合作进行重要部署[⑥]，将东北地区工业门类齐全、重化工业实力雄厚的优势与东部沿海地区工业经济效率高，营销网络发达的优势结合起来，在装备制造业、新兴产业等领域进行深入合作。

（二）新时代工业区域协调发展的绩效与逻辑

新时代沿海与内地工业比重大体保持稳定。2012 年工业增加值沿海与内地之比为 57.1 : 42.9，2019 年为 57.9 : 42.1；2012 资产沿海与内地之比为 60.6 : 39.4，2019 年为 58.7 : 41.3。[⑦]进一步从粗钢、发电量、汽车、金属切割机床、布等重要工业品来看，内地比重略有上升。[⑧]从四大区域来看，中部与西部大体保持稳定，东北地区占全国工业比重进一步下降，而东部地区略有上升。2012 年东部地区为 50.4%，中部为 21.5%，西部为 19.1%，东北为 9%；2019 年东部、中部、西部、东北分别为 53.6%、23.1%、18.5%、4.7%。2019 年中部、西部、东北人均工业增加值分别为东部的 62.7%、49.1%、43.8%。与其他

---

① 王力、黄育华主编：《中国自贸区发展报告（2018—2019）——中国自由贸易试验区改革创新实践》，北京：社会科学文献出版社，2019，第 158—159 页。

② 参见《中国共产党第十九届中央委员会第五次全体会议文件汇编》，北京：人民出版社，2020，第 54 页。

③ 《中共中央关于制定国民经济和社会发展第十四个五年规划和二〇三五年远景目标的建议》，《人民日报》2020 年 11 月 4 日，第 4 版。

④ 《中共中央办公厅　国务院办公厅印发〈关于进一步加强东西部扶贫协作工作的指导意见〉》，《中华人民共和国国务院公报》2017 年第 1 期。

⑤ 谢毅：《产业集群移植为昭通经济“造血”》，《昭通日报》2021 年 1 月 19 日，第 1 版。

⑥ 顾阳：《东北与东部：对口合作两相宜》，《经济日报》2018 年 4 月 13 日，第 8 版。

⑦ 从 2014 年起《中国统计年鉴》不再汇报工业的“固定资产”，仅报告“资产总计”，为保持可比性，此处用“资产总计”来进行 2012 年与 2019 年的比较。

⑧ 例如，粗钢 2012 年沿海与内地之比为 64.2 : 35.8；2019 年为 63.7 : 36.3；发电量 2012 年沿海与内地之比为 44.9 : 55.1；2019 年为 42.4 : 57.6；汽车产量 2012 年沿海与内地之比为 59.5 : 40.5；2019 年为 58.4 : 41.6；金属切割机床产量 2012 年沿海与内地之比 76.9 : 23.1，2019 年为 72.7 : 27.3；布产量 2012 年沿海与内地之比为 80.2 : 19.8，2019 年为 78.3 : 21.7，以上数据根据国家统计局编《中国统计年鉴 2013》（北京：中国统计出版社，2013）、《中国统计年鉴 2020》（北京：中国统计出版社，2020）相关数据计算。

区域相比，东北工业在全国地位进一步下降，实现工业空间协调发展任重道远。[①]新时代工业区域协调发展也有其自身特点。

第一，新时代中国共产党在探索工业高水平发展中实现区域协调发展。虽然中国已经成为世界第一工业制造业大国，但工业发展“不平衡不充分”的问题依旧存在。正如习近平所指出的，“不能简单要求各地区在经济发展上达到同一水平，而是要根据各地区的条件，走合理分工、优化发展的路子”[②]。新时代中国共产党对于工业区域协调发展不是简单追求区域之间工业规模与数量的均等，而是强调立足各区域之间工业化阶段的差异，发挥各区域的比较优势，探寻工业高质量发展中的区域协调。新时代中国共产党一方面着手解决大国区域发展不平衡矛盾，通过新的空间布局，推动各大经济区域之间的工业融合互动，为迈向工业强国提供重要支撑；另一方面推动东部沿海地区在自主创新、价值链升级等方面率先突破，使东部沿海地区成为全国高质量发展的重要引擎，带动东北、中、西部地区的工业升级。

第二，新时代中国共产党区域协调发展战略的实施是建立在不断完善的市场机制之上的。从世界经验来看，市场在工业空间格局演变中存在着双重作用。一方面，市场机制存在“马太效应”，先发地区对落后地区可能产生“虹吸作用”；另一方面，随着工业化的推进，先发地区工业将面临生产成本不断上升的局面，在市场机制下其生产要素又将向落后地区流动，产生“辐射作用”。而中国的市场发育又有其自身特点：一方面，中国市场化水平，尤其是要素市场存在区域发展的不均衡。而要素市场又与工业发展密切相关。另一方面，中国发展型地方政府在推动工业经济增长的同时，也存在“地方保护主义”，影响了生产要素的自由流动。虽然2000年以来东部沿海地区工业生产成本不断攀升，但是在这两个特点的作用下，东部沿海地区对于东北、中、西部地区产业转移仍然有限。新时代中国区域战略布局注重建立在市场机制之上。一方面更为有效、精准地发挥政府作用，提升落后地区公共品质量，并且发挥社会主义制度优势，积极促进区域之间的合作，克服市场的“马太效应”；另一方面不断完善市场机制，更加注重推动要素市场化，通过加快新一轮区域战略布局下的区域市场一体化推动全国大市场形成，更好地发挥市场在区域经济发展中的“辐射作用”。

第三，新时代中国共产党在新一轮对外开放中探索工业的区域协调发展。当前中国与以美国为代表的发达国家之间在工业领域的摩擦加剧，中国共产党的对外开放战略也进行了转变。在新一轮开放中，中国共产党以“一带一路”为突破口积极推动全面开放，尤其注重向东亚、中亚、独立国家联合体等“一带一路”沿线国家开放。在新一轮开放中内地占据了新的区位优势，将在更广阔的空间中充分利用国际资源与市场，通过与“一带一路”国家在资源、能源领域的合作，有效降低内地工业的发展成本。“一带一路”沿线国家在大规模基础设施建设与工业化推进中，对交通运输业、装备制造业等有较大的需

① 根据国家统计局编《中国统计年鉴2013》（北京：中国统计出版社，2013）、《中国统计年鉴2020》（北京：中国统计出版社，2020）相关数据计算。

② 习近平：《推动形成优势互补高质量发展的区域经济布局》，《求是》2019年第24期。

求，而这些产业又是内地许多工业城市的支柱，“一带一路”建设为内地工业发展提供了难得的市场空间。中国共产党还积极推动自由贸易区由沿海向内地延伸，在高水平、全方位的开放中促进内地工业发展。

四、中国共产党探索大国工业空间布局的历史经验与启示

中国共产党对大国工业空间布局的认识与实践演变影响了新中国工业空间格局的变化，新中国工业空间格局变迁又对中国共产党关于空间布局的认识与实践产生了影响。改革开放前，中国共产党做出了工业区域均衡发展的战略布局，内地工业取得跨越式发展，工业区域极端不平衡的矛盾得到缓解；但东部沿海地区工业潜力未能得到充分发挥。改革开放后在中国共产党“第一个大局”的战略部署下，东部沿海地区率先发展的同时，也带来了其与其他工业区域差距的拉大。20世纪90年代中后期，中国共产党开始进行区域协调发展“第二个大局”的探索，工业区域差距拉大趋势有所缓解，但仍然存在不协调问题。进入新时代，在“协调”理念指导下党做出了一系列重大战略部署与制度安排，促进了工业的区域协调发展，但未来实现工业高质量发展与区域协调的统一仍然任重道远。回顾历史，我们可以得出一些重要启示。

（1）发挥好党总揽全局优势，从中华民族伟大复兴的战略高度解决工业区域协调发展问题。从历史经验来看，中国共产党稳固的执政地位，使其可以超越各种利益羁绊，总揽全局，从中华民族伟大复兴的高度，实现工业化与区域协调发展的双重任务。虽然2020年中国已经基本实现工业化，但一方面区域不协调的问题日益凸显，并且成为当前社会主要矛盾的焦点之一；另一方面中国未来要全面实现新型工业化，迈向工业强国的任务依旧艰巨。当前工业区域不协调主要表现为三个方面：第一，以东北为代表的老工业基地转型发展乏力，甚至工业出现了断崖式下降；第二，区域之间尚未形成有效的分工协调机制，中、西部地区的产业承接仍然乏力；第三，东部沿海地区工业长期被锁定在价值链的中低端，对内地辐射、带动能力还有待提高。未来我们更应当发挥好中国共产党总揽全局的优势，从中华民族长远利益出发，推动工业价值链在空间上的纵向延伸，促进各区域之间的产品与价值链的分工合作，加快推动老工业基地的转型升级，在新型工业化全面推进中实现工业的区域协调发展。

（2）发挥好党强大的资源动员能力，破解大国工业区域协调发展瓶颈。从历史经验来看，中国共产党强大的资源动员能力，不仅是突破内地工业发展“贫困性陷阱”的关键，也是解决市场“马太效应”的重要手段。未来中国实现工业协调发展是在建设工业强国征程中进行的，应当继续发挥中国共产党强大的资源动员能力，破解工业区域发展的障碍。对于东部沿海地区而言，应当发挥社会主义“新型举国体制”的优势，积极把握新一轮工业革命的契机，在人工智能、高端装备制造业等工业前沿领域取得率先突破，通过延伸价值链形成国内区域之间要素分工体系，在大国区域协调发展中发挥引擎作用。对于内地工业，尤其是以东北为代表的老工业基地，应当发挥中国共产党强大的资源动员能力，推动工业互

联网、大数据中心、5G基站等新型基础设施建设，通过以数字经济为代表的新经济带动传统工业的转型升级。

（3）发挥好政府与市场、中央与地方多重力量，汇聚大国工业区域协调发展的合力。从中国与世界的经验来看，市场化改革与中央向地方政府放权，有利于促进经济增长，解决经济“效率”问题；但同时又导致区域发展中存在“马太效应”。而单纯运用政府手段，实行中央集权，虽然可以在短时间实现区域均衡发展，解决“公平”问题，但从长期来看，则不利于经济效率。中国共产党坚持实事求是的思想路线，善于因时、因地制宜，通过不断调整政府与市场关系，调动地方政府积极性，实现工业化与区域均衡发展的双重目标。未来要实现工业区域协调发展，应当在中国共产党领导下，汇聚政府与市场、中央与地方的合力，推动工业协调发展。首先，应当继续加快市场化改革，尽快形成国内大市场。当前市场化存在的区域差距是中国实现工业区域协调发展的重要障碍。未来应当加快东北、中、西部地区市场化改革的步伐，在全国大市场基础上形成大国内部“雁阵式产业升级”。其次，应当实现“全国一盘棋”与发挥地方政府积极性相统一，注重在国家层面统筹地方公共品的供给，更好地协调地方政府之间的互助合作，推动各区域之间工业有机融合发展。

（4）坚持统筹国内国际两个大局，在“双循环”中实现工业区域协调发展。由于中国是一个大国，一方面国际局势对中国共产党的空间战略布局有着深刻的影响；另一方面中国幅员辽阔，不同的国际战略对于各区域之间的影响也存在差距。新中国成立以后，中国共产党长期凭借独特的政治优势，坚持统筹国内国际两个大局，推动工业化与区域协调发展双重任务的实现。党的十九届五中全会提出“加快构建以国内大循环为主体、国内国际双循环相互促进的新发展格局”①。未来应当继续发挥中国共产党统筹国内国际两个大局的独特优势，在“双循环”的发展新格局下实现工业区域协调发展。一方面，应抓住国内大循环的历史机遇，形成国内腹地与沿海地区之间互为市场的良性循环。在国际大循环下处于劣势地位的东北地区工业发展乏力，成为制约当前工业区域协调发展的重要原因。未来应当挖掘东北地区基础型工业强大、重工业门类齐全的潜力，抓住国内大循环的历史机遇，推动“产业基础高级化”，实现东北地区工业的内生增长。另一方面，在实现国内大循环过程中还应当注重世界与中国经济的良性互动。在高水平开放中，东部沿海地区应当成为引领全球价值链的高地，形成对东北与中、西部地区有效辐射与带动。在新一轮开放中占据区位优势的内地，应当更好地利用新的“开放红利”，实现工业高质量发展。

① 《中国共产党第十九届中央委员会第五次全体会议公报》，北京：人民出版社，2020，第10页。

中日两国产业技术政策比较研究（1945—2000年）

倪月菊　赵　英

摘　要： 中日两国的产业技术政策经历了不同的发展历程。不同的历史发展过程、不同的工业化进程以及不同的经济制度，对两国的产业技术政策产生了巨大的影响。本文从产业政策的相关理论和现实依据入手，在对中国1949年后和日本第二次世界大战之后的产业技术政策历史进行简要回顾的基础上，对中日两国产业技术政策的制定过程及战略目标进行了比较分析，提出中国政府在今后制定产业技术政策时应该关注的几个问题。

关键词： 中日；产业技术；政策比较

产业政策是政府通过“有形之手”对经济发展进行干预的一套政策体系。包括产业结构政策、产业组织政策、产业保护政策、产业技术政策等。产业技术政策是政府通过对产业核心技术的研发、使用予以扶植和规范来引导产业的健康发展的。在市场化的环境中，产业技术政策在产业政策体系中占有越来越重要的地位，也越来越受到中国政府决策部门的重视。1998年，国家计划委员会（今国家发展和改革委员会）认为：“制定国家产业技术政策是转变经济增长方式，实现国民经济发展战略目标的重要途径；是扩大对外开放，提高我国国际竞争力的客观需要；是促进产业结构优化升级，提高结构效益的强大推动力；是增强国家宏观调控有效性的重要途径。”[①]的确，产业技术政策对国家经济的发展及产业竞争力的提高等方面具有重要作用。特别是在一个国家市场化程度较高的情况下，产业技术政策与其他政策相比，更是国家干预经济发展的适当途

倪月菊，中国社会科学院世界经济与政治研究所世界经济史研究中心副主任，研究员。主要研究领域为国际贸易政策、中日经贸关系等

赵英，中国社会科学院工业经济研究所二级研究员，博士生导师，主要研究领域为工业经济、产业政策和汽车工业

① 国家发展计划委员会编：《中国产业技术发展报告（1998）》，北京：中国计划出版社，1998，第5—6页。

径。因为产业技术政策着眼于某些产业总体竞争力的提高，而不是直接对企业进行干预。可以说，一个国家经济体制市场化程度越高，产业技术政策越是占有重要地位；一个国家的市场对外开放程度越大，产业技术政策的作用也越大。

随着中国日益向市场经济迈进，产业技术政策将越来越在中国产业政策体系中占有重要的地位。因此，有必要像研究产业结构政策那样，对产业技术政策进行深入、全面、系统的研究。

中国在20世纪80年代进行产业政策研究和制定时，其重点是产业发展政策和保护政策。这与当时正在进行计划经济体制转轨有很大关系。因此当时的产业政策，在某种意义上与国家的计划与规划有密切关系。进入20世纪90年代，特别是在90年代末，中国的国有企业改革取得了较大进展，政府不再直接干预企业经营。中央政府逐步由过去的计划经济体制下全面干预产业发展，转向重点干预若干产业，同时通过制定宏观政策，间接影响市场，引导资源配置，来实现自己的产业发展目标。随着改革的深入，产业技术政策越来越受到重视。一方面，在90年代末的改革中，中国政府大幅度地下放、改革了原来由政府各个产业部门所领导的研究机构，使这些研究机构或变成经济实体，或进入大企业，成为大企业的研究开发部门。政府不再具体地干预一般产业的技术进步。另一方面，政府把推动产业结构升级、产品结构调整作为工业发展的重点，尤其在高技术产业发展方面，在体制和政策上做出了巨大努力和改变。试图通过产业升级和高技术产业发展，推动中国工业以较高速度发展。

日本政府在20世纪90年代以来进行的改革中，在产业技术政策方面也采取了各种放松规制，加速改革的政策。例如，加速科研机构、大学从事技术开发，采取了对企业技术开发进行支持的政策。这些政策正在使日本的产业技术发展发生较大的变化。

对中国和日本产业技术政策的比较研究①，可以对中国制定产业技术政策，以及通过产业技术政策实施推动产业发展，提供必要的借鉴。

一、产业技术政策存在的理论与现实依据

要分析中国与日本产业技术政策的特征和内容，首先有必要从一般经济理论，以及国家政治、经济发展的历程来扼要分析产业技术政策存在的依据。

（一）产业技术政策存在的经济学理论依据

从新古典经济学的角度出发，产业技术政策存在的理论依据有如下几点：

第一，促进技术进步是政府本身为社会提供公共产品的重要职能。这里的技术进步是从全社会意义

① 所谓“产业政策”不论在理论上，还是实际制定与执行过程中，都有狭义与广义之分。在日本，“狭义的产业政策”是指通商产业省（2001年改名为经济产业省）制定的产业政策；“广义的产业政策”则包括通商产业省之外的“政策官厅”所制定的政策。本文就是在“广义的产业政策”范围内，对中国与日本的产业技术政策进行比较的。

上讲的，因此政府对技术进步负有奠定基础、提供条件、直接参与某些重大项目的研究等任务。技术、知识的积累与提高具有社会共同财富的性质，而政府应当是这种社会财富的主要提供者，政府有义务积极干预经济发展中的技术进步问题。

第二，单纯的市场配置资源的方式难以满足技术发展的需要。理由包括四点：一是技术进步往往具有巨大的外部正效应，而具有巨大正效应的项目又往往投资较多。因此，在许多具有巨大外部正效应和公共性的领域，技术进步带来的收益率往往超过潜在的技术创新者的私人收益率，影响私人企业和个人的投资、开发积极性。二是技术进步也可能导致巨大的外部负效应，或正负效应皆有。在这种情况下，必须由政府从全社会的角度，决定技术政策和技术的开发领域，甚至对技术的应用进行跨国管理。三是技术开发过程中存在较大的不确定性，包括技术风险和商业风险。一般私人企业不愿意进行高风险的开发，因为这些高风险很难通过市场得到分散和转移，必须由几个巨大的保险公司共同承担。四是目前高技术的发展投入越来越大，进入门槛越来越高，再加上技术开发所需的设备和基础条件具有整体性，因此一般中小企业，甚至大企业也难以进入，因此政府在产业技术领域的介入也越来越多。

第三，基础性的技术开发，准确地说是市场竞争前阶段的技术开发，具有公共性，而且不具有营利性，因此必须由政府来进行。

第四，当代许多高技术产业产品的使用，越来越具有全球规模的公共产品性质，其用户是政府或者是几个国家的政府，政府成为这些产品的主要买主，政府的介入自然不可避免。例如，全球卫星通信系统一般是由政府购买并使用的。

第五，某些产业和产品，由于其特殊性，市场处于垄断状态或管制状态，不能不由政府出面，打破垄断或对技术的发展予以管理。例如，宇航产业领域和原子能产业就是如此。

从德国经济学家李斯特和英国经济学家凯恩斯的理论出发，产业技术政策的存在，还有如下理论依据：首先，国家为了获得竞争优势，不能坐视本国的产业被其他国家的产业压垮，尤其是战略性产业。后进国家不能满足于已有的国家间分工，而要通过国家的介入改变本国在国家间竞争中的不利态势。这就又为国家介入产业的技术进步提供了一个重要依据。其次，国家对经济的增长负有不可推卸的责任，国家可以通过财政、税收、对公共工程进行投资等手段刺激经济增长。根据凯恩斯的理论，同样，国家在产业技术方面进行投资，通过改变经济结构和产品结构来刺激经济增长也是合理的。

总之，从新古典经济学的角度，强调的是市场失灵导致国家在产业技术领域的积极介入；从李斯特历史学派和凯恩斯经济学派的理论来看，则从经济发展的角度强调政府的积极介入。

（二）从国家政治、经济发展历程看产业技术政策存在的现实依据

当我们对当代世界不同政府在产业技术政策上采取的不同态度进行概括时，可以看到，凡是政府在产业技术政策领域介入比较少的，大多是发达国家；凡是政府在产业技术政策领域介入比较多的，大多

是发展中国家或新兴工业化国家。第二次世界大战后世界经济发展的历史表明，发展中国家没有科学技术的振兴，难以赶上和超过发达国家。发展中国家政府如果没有正确的产业技术政策，就难以提高国家经济的竞争力，难以使本国企业具有国际竞争力。

第一，技术优势往往导致一个国家综合国力的强大，在国际舞台上处于主导地位。自资本主义诞生以来，技术已成为决定国际关系的重要因素。因此，处于技术优势地位的国家为了使自己永远处于优势地位，把政府介入某些战略性产业的技术发展作为国策。如美国前总统克林顿所说："发现的激情与冒险的意识一直驱使这个国家向前。这些根深蒂固的美国品质激励着我们决心去探索新的科学前沿，鼓舞着我们在技术创新上有能力去做（can-do）的精神。继续保持美国的领导地位依赖于我们对科学、技术、学习与研究的持久性的支持。科学技术正在改变着我们的世界，呈现给我们一个充满各种机遇的时代、一个发生如我们在这个世纪里亲眼目睹的深刻变化的年代。我们已做好准备去塑造这种变化，并抓住各种机遇，以使每一个美国人能最大限度地赢得上帝赐予他的允诺。实现这一使命的最重要的途径之一就是对科学技术进行全面的、深思熟虑的投资。这种投资将驱动经济增长、产生新的知识、创造新的工作、建立新的产业、保证国家安全、保护环境和改善我们人民生活的健康与质量。"[①]处于后进状态的国家，也不会容忍由于技术的落后导致自己在国际舞台上处于被动甚至是丧失主权的状态。后进国家必然要由政府采取必要的产业技术政策，来加速推动国家的现代化，从后文将要分析到的中国与日本的产业技术政策的发展历程，可以清楚地看到这一点。

第二，在 20 世纪中期以后，科学技术在生产要素中所起的作用不断增加，所处的地位不断提高。科学技术的重大创新，促使新的产业、新的产品不断出现，极大地促进了经济增长。为了在全球经济竞争中取得有利地位，为了提高本国企业在世界上的竞争力，为了推动本国经济的快速发展，各国政府不能不对科学技术予以极大的关注。

第三，20 世纪诞生的高技术产业，越来越是全球性的。例如，信息技术产业、宇航产业和航空产业等。这些产业在国内的发展，往往必须由政府来组织；在全球的发展必须有政府的支持与协调。这些产业的市场也必须由政府来予以保证，提供市场秩序与规则。

第四，21 世纪人类面临的全球性问题越来越多。例如，全球气候变暖问题，全球环境污染问题，全球水资源匮乏问题，等等。科学技术为解决这些问题提供了手段。这使政府不能不介入有关科学技术问题，以便在国际范围内进行协调。

第五，科学技术的发展，使人类经济、政治、文化、军事等各方面都处于其重要影响之下。科学技术不仅是经济方面的公共产品，而且是文化、政治、社会生活等方面的公共产品。为了避免其负面影响，政府越来越多地介入技术发展。例如，能否"克隆"人的争论就充分显示了这一点。

---

① 〔美〕总统科学技术政策办公室编：《改变 21 世纪的科学与技术——致国会的报告》，高亮华、王伟泉、沐阳芷，等译，北京：科学技术文献出版社，1999，第 1 页。

第六，由于科学技术的进步速度空前加快，科学技术方面的重大创新往往直接成为产品进入市场。科学与技术之间的距离越来越短，使产业技术更新速度加快，科技开发规模增大，技术开发的实际费用也越来越高，失败后的风险越来越大，政府不得不在许多领域采取直接介入的方式。例如，宇航产品的开发，有关国家政府的积极介入是很明显的。又例如，人类基因开发由于其不可估量的价值，因此从一开始就由各有关国家政府共同开发，而且向全世界公开。

二、中日产业技术政策的历史回顾

（一）1949 年后中国产业技术政策的发展与变化

中国产业技术政策的发展、变化历程，基本上分成两个主要阶段：1949 年到改革开放前为第一个阶段，改革开放后到 20 世纪末为第二个阶段。

1. 1949 年到改革开放前

1949 年后，由于当时中国基本没有现代化工业，必须由政府直接指导完成工业化的原始积累。于是，中国采取了以计划经济体制推进工业化的战略。在产业技术政策方面，中国政府采取了以苏联援助的 156 项工程为中心，以全面从苏联引进技术为方针的政策，派出了大量技术人员和管理人员，到苏联学习技术、设计与管理，使中国的技术水平有了极大的提高。如表 1 所示。

表 1　苏联向中国提供的科学文献和技术资料

年份	整套技术设计文件/件	基本建设设计方案/件	机器和设计草图/件	整套技术文件/套	整套部门技术文件/套
1950	30		30		
1951	338	24	294	1	19
1952	507	25	385	27	70
1953	599	32	398	28	141
总计	1474	81	1107	56	230

资料来源：沈志华：《中苏同盟的经济背景：1948—1953》，香港：香港亚太研究所，2000

此后，由于中国与苏联的关系恶化，中国面临的国际环境也日益恶化。因此中国政府在经济发展中，把“自力更生”摆在了战略位置，中国的产业技术政策也非常强调“自力更生”。

在计划经济体制下，产业政策几乎等于国家的投资政策，也即等于国家的投资计划。政府对产业技术进步的追求，对产业技术政策的推动，主要是靠政府投资实现的。改革开放前，中国基本上依靠自己的力量，建成了相对完整的工业体系。中国由一个基本上没有工业的国家，变成了能够在主要工业品方面达到低水平自给自足的国家，在某些工业领域取得了一些具有世界水平的技术成就（如中国在这一阶段依靠自己的技术力量成功研制了原子弹、战略导弹）。但总体而言，中国工业在这一时期由于与世界经济、技术发展相隔绝，发展受到重大影响。

2. 改革开放后到20世纪末

1978年后，中国进入了改革开放的新时期。随着经济体制的改革，生产要素的市场配置使政府管理方式、政策存在的方式以及企业的行为方式都发生了巨大变化。中国的产业技术政策也随之发生了相应的变化。

这一时期又可以分为两个阶段。自改革开放开始，到20世纪90年代初为一个阶段。这一时期内，国家经济体制仍然保留着相当大的计划经济体制色彩，政府仍然通过技术改造和投资计划对国有企业的技术进步进行指导和干预。产业技术政策与投资政策、技术改造政策仍然有十分密切的联系，甚至难以区分。国有企业在技术开发方面有了一定的自主权，但是主要产品的选择、技术的选择，还是由政府有关部门决定。民营企业在融资、购买材料、用人等方面受到较大限制，因此相当一部分科研开发型企业不得不以集体企业的形式出现。

自20世纪90年代初起至20世纪末为第二阶段。在这一阶段中，中国经济体制改革有了决定性进展，产业技术政策也发生了巨大变化。首先，产业技术政策越来越脱离了原有强烈部门政策的特征，而具有了面向全社会的特征。其次，产业技术政策的调节手段，由行政手段为主转为金融、税收、信息、法律等手段并用。其三，政府的产业技术政策，越来越由管理具体的项目向管理产业技术发展的方向和领域转变。其四，政府开始日益重视中小企业的技术进步问题，为此专门制定了有关政策。同时，政府的产业技术政策也日益打破军民界限，变成更具有普遍性的产业技术政策。其五，由于具有了充分的自主权，企业（包括国有企业、非国有企业），特别是大企业和企业集团对政府制定产业政策开始起到一定作用。其六，政府制定产业技术政策的领域日益集中于高技术和具有公共产品性质的领域。最后，政府的产业技术政策越来越注意环境、生态方面的影响，政府在制定产业技术政策方面，开始考虑到与国际机构、国际规则的协调。

（二）第二次世界大战后日本产业技术政策的发展与变化

第二次世界大战后，日本产业技术政策发展大致可分为四个阶段。

战后经济恢复阶段。在这一时期，日本政府着力于加强日本薄弱的技术基础，并力求尽快缩小与欧美的技术差距。[①]此时产业技术政策的重点是引进外国技术，推动国内经济重建与发展，促进产业合理化。在日本政府产业合理化政策引导下，从1949年到1955年，日本共引进了1000多件技术，这些技术大多集中于机械、金属、化工等产业。

高速增长阶段。日本经济在1955年开始进入高速增长阶段。这一阶段日本政府的产业技术政策重点

① 根据有关文献，此时日本造船工业技术水平比美国落后30年，钢铁工业技术水平比美国落后20年，日本最好的纺织产业与美国相比也落后10年左右。

是大规模引进欧美国家的先进技术，以充实日本的产业技术力量（表2）。在对外国技术进行消化吸收的基础上，日本企业开始在制造工艺、零部件、产品设计、生产与质量管理等方面进行局部的创新。随着日本大量引进技术，日本与欧美国家间的技术差距逐步缩小。日本企业形成自有研究开发能力对日本经济的发展日益重要。

表2 经济高速增长期日本技术引进的情况

年份	引进件数/件	费用/万美元
1955	185	2 000
1956	311	3 330
1957	254	4 260
1958	242	4 760
1959	378	6 190
1960	588	9 490
1961	601	11 570
1962	757	11 490
1963	1 137	13 540
1964	1 041	15 530
1965	958	16 570
1966	1 153	19 440
1967	1 295	23 900
1968	1 744	31 400
1969	1 629	36 800
1970	1 768	43 300
合计	14 041	253 570

资料来源：史清琪、赵经彻主编：《中国产业发展报告（1999）》，北京：中国致公出版社，1999

这一时期，日本政府通过扩大政府投资规模，加强了政府引导民间投资方向、结构的力度（表3）。这个时期的设备投资，为日本企业引进外国先进技术，不断开发新技术、运用新设备提供了条件。

表3 日本主要大型技术开发研究项目

项目名称	研究时间	研究经费/亿日元
超高性能电子计算机	1966—1971年	100
脱硫技术	1966—1971年	26
烯烃等新制法	1967—1975年	11
深海海底石油遥控开发设备	1970—1975年	45
海水淡化与副产品的利用	1969—1977年	67
电动汽车	1971—1977年	57
汽车综合管理技术	1973—1979年	73
图形信息处理	1971—1980年	220
利用高温还原气体直接炼铁	1973—1977年	131
以重质油为原料的烯烃制法	1971—1981年	—
飞机喷气引擎	1971—1981年	199

续表

项目名称	研究时间	研究经费/亿日元
资源综合再生技术系统	1973—1982 年	126
合计		1 055

资料来源：笔者根据相关资料整理而成

经济转折阶段。20 世纪 70 年代至 80 年代，日本经济由于遇到能源危机、货币危机、贸易摩擦以及环境污染日益严重等问题，进入了一个转折时期。经济发展速度下降，政府开始调整产业结构，力图使产业结构由过去的“厚重长大”，转变为“轻薄短小”，也即由大量消耗材料的产业结构向高技术、高附加值的产业结构过渡。日本在这一时期基本上形成了自己的技术开发能力，日本从这一时期开始转为以自有技术为主，同时开展国际合作。

如表 4 所示，在这一时期，日本政府的产业技术政策主要是调整研究开发的重点，开始重视生命科学、新能源技术、生物技术、软件等方面的科研开发；进一步建立健全了技术前沿的政府研究开发制度与体系，以鼓励尖端技术研究开发为重点，完善产业技术政策的相关措施，并充实了大型产业技术开发计划。政府通过大型项目引导民间的研究和设备投资，为民间企业的技术开发提供了起飞的动力和方向，为高技术产业发展创造了技术条件。

表 4 通商产业省组织的重点联合研究项目计划

技术项目计划	起止时间
光电子技术	1979—1988 年
超级计算机计划	1979—1990 年
第 5 代计算机计划	1981—1991 年
未来电子设备	1981—1990 年
生物芯片	1986—1990 年
精密陶瓷	1981—1990 年
语言分辨和识别	1983—1988 年
软件	1985—1992 年
新型人造钻石	1987—1992 年
生物计算机	1985—1995 年

资料来源：笔者根据相关资料整理而成

泡沫经济阶段。进入 20 世纪 90 年代以来，日本政府面临着“泡沫经济”破灭、经济增长速度缓慢、制造业向海外转移加速等经济问题。在这种形势下，出于危机感和经济发展的需要，日本政府在产业技术开发体制和产业技术政策方面也进行了较大的改革。

首先，日本政府加强了对科技发展和产业技术化的支持力度，把信息、电子、软件、材料、生命科学、能源、海洋科学、宇宙科学和地球环境作为研究开发的重点。其次，大力鼓励民间企业进行高新技术开发。日本政府规定，民间企业研究开发高技术可以获得低息贷款，如果研究成功，按照优惠条件还本付息，如果失败则按照无息贷款还本付息。再次，加强官-产-学的联合研究。1988 年日本官-产-学共同研究的项目为 583 件；1995 年官-产-学共同研究项目已达到 1704 件。此外，日本对基础研究领域的投入大大增加。1996 年 7 月日本政府批准了科学技术发展 5 年总体计划（1996—2000 年），计划在 5 年内大大增加对科学技术的投入，以从事基础研究的 100 所大学和实验室作为优先投资对象，尤其强调对从事基础研究的科研人员的培养，提出要把大学的博士后科研人员从当时的6000 人增加到2000 年的10 000人。最后，日本政府不断地放松或取消对政府科研机构、国立大学的规制，以增强科研机构的活力。

三、中日产业技术政策制定过程比较

（一）中国产业技术政策的制定过程

在计划经济时代，政府完全决定着产业技术进步的方向、速度和内容，决定着企业的一切行为。这是因为在计划经济体制下，新技术、新产品的发展一般是通过建立新的企业来实现的（所谓铺新摊子）。例如，当中国政府认为汽车产品不能满足需要时，就决定建立第二汽车制造厂。各专业部门的发展计划要上报国家计划委员会批准，有些重大的项目则要由政府最高层讨论通过。因此，当时的产业技术进步，主要是通过计划实现的。从企业层面看，当时除了政府投资外，也找不到其他的替代资金来源。

在计划经济体制下，中国产业技术政策的制定与形成是一个单纯由政府决定的过程。国家计划委员会虽然对国家经济计划起着决定作用，但是由于改革开放前的高技术产业主要生产军工产品，因而国防科研的领导部门对这些产业的技术政策起着决定作用。

改革开放后，一方面政府放松和改革了对国有企业的管理方式，大企业的主动性增加，拥有的资源增加，许多非国有企业成长很快；另一方面国家财政规模相对缩小，计划的作用日益缩小，因此，产业技术政策的制定过程也发生了巨大的变化。首先，对产业技术产生重要影响的中央政府机构增加了。在计划经济体制下，中国政府不太重视老企业的技术改造，在改革开放初期，尤其在 20 世纪 80 年代由计划经济体制向市场经济体制过渡时期，对老国有企业进行技术改造是国家产业技术政策的重要内容。这样，由于要决定技术改造的产业和企业，国家计划委员会实际上对产业技术政策起着重要作用。从 20 世纪 80 年代中期开始，随着“军转民”的逐步展开，国家科学技术委员会也对高技术产业发展起着重要作用。例如，863 计划中，就有明确的产业化内容。国家科学技术委员会制定了《国家 863 计划成果产业化基地认定和管理办法》等文件，意在不断地把 863 计划的成果转化为高新技术产品。显然，国家科学技术委员会对高技术产业的技术政策起着重要作用。对于享受国家对高技术企业给以的优惠政策的企业标准，也是由国家科学技术委员会制定的。国家科学技术委员会还制定了火炬计划、星火计划等直接面向企业的计划。其次，国有大企业对产业技术政策的影响增加了。例如，第一汽车企业集团、东风汽车企业集团对中国汽车工业产业技术政策就有重要影响。某些具有垄断性质的国有大公司，更是对产业技术政策起着重大作用。

例如，原中国石油化工总公司实际上制定着该领域的产业技术政策。最后，地方政府对产业技术政策也开始产生作用。例如，北京市政府率先对汽车产品实行了严格的排放检测标准，实际上在中国起着带头作用，而中央政府的有关部门（如机械工业部，今已被撤销）则处于被动接受的地位。随着中国政府决策的科学化，各有关行业协会、中国科学院、中国工程院甚至科学家个人也对产业技术政策产生一定影响。

一般来说，改革开放后，中国产业技术政策的制定过程如下。

综合性产业技术政策一般由国家综合经济管理部门（一般是国家计划委员会）起草，征求国家其他综合经济管理部门（如财政部）及国家各专业经济管理部门意见，并听取有关专家意见，进行反复修改后，上报政府最高层审批。通过后，颁布全国执行。综合性产业政策由于内容往往比较原则，又是主要在综合经济管理部门内部进行协调，因而形成时间相对较短，政策制定成本较低。

行业性产业技术政策一般是由国家专业经济管理部门提出或发起，先在行业内反复征求企业领导和专家的意见，反复修改后上报国家综合经济管理部门。随着经济体制改革的不断深化，国家专业经济管理部门的决策方式也不断变化。一些部门陆续成立了行业协会、政策审议会，这些组织为吸收企业领导和专家参加政策制定提供了固定的、规范的渠道。因而在国家专业经济管理部门进行制定产业政策内部作业时，已经是多主体的协调。当然，主导权仍在政府手中。

产业技术政策作为单项的重要产业政策，其制定虽然基本遵照一般产业政策的制定流程，但是由于其专业性强，需要高度专业的知识和科学技术预测能力，需要在科学技术与经济结合的基础上制定政策，因而与一般产业政策的制定有很多不同之处。如图 1 所示。

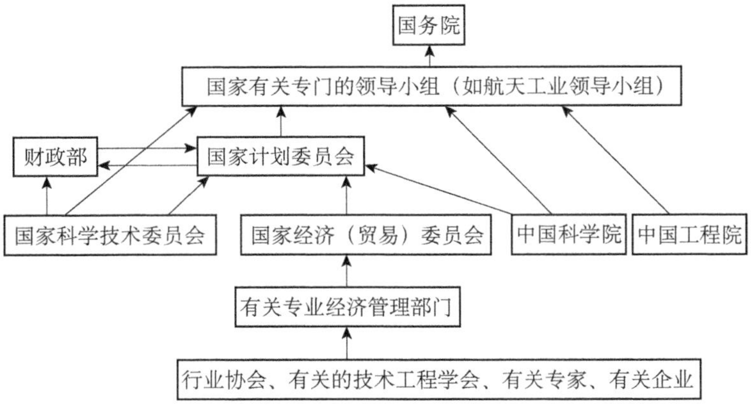

图 1 中国产业技术政策的制定过程

注：国家经济委员会成立于 1978 年，1993 年更名为国家经济贸易委员会，2003 年组建商务部，不再保留国家经济贸易委员会

在制定产业技术政策时，专家的作用要大得多。第一，各个产业部门的官员要向有关领域的权威进行咨询，由本部门技术研究机构提出意见。然后在综合意见基础上上报。如果涉及重大公共领域的问题，则要与非工业部门的机构进行协调。第二，有关专家（一般是具有很高威望的科学技术权威）往往可以越过政府机构直接把自己的见解上达政府高层。例如，863 计划就是由中国四位最有权威的科学家直

接上书邓小平，获得批准的。第三，中国科学院、中国工程院的科学技术专家可以对有关项目（往往是大项目）发表咨询意见。第四，涉及重大工程，产业技术政策往往带有公共政策的性质，这时往往要在全国人民代表大会甚至更广泛的范围内进行讨论。第五，中国某些高技术产业的产业技术政策虽然最后由国家计划委员会汇总，但往往实际上由国家科学技术委员会和国防科学技术工业委员会决定。这一点与日本科学技术厅决定某些高技术产业的技术政策，有很大相似之处。

国家计划委员会的计划与产业技术政策，需要财政支出的，要与财政部协商。在计划体制下，财政不过是简单地为计划筹备资金，改革开放以后财政部门的发言权越来越大。例如，汽车工业产业政策中许多对企业开发新产品的优惠政策由于财政部门不积极，而成为一纸空文。

1993 年，由于中国政府原来的各个工业专业管理部门大部分并入了经济贸易委员会，经济贸易委员会又负责对企业的技术改造，因此某些产业的规划、产业政策的制定先由国家经济贸易委员会制定，再与国家计划委员会协调。国家经济贸易委员会在产业政策制定环节中，从某种意义上取代了过去的各个产业部门。国家经济贸易委员会先在各个产业间进行综合，制定某些产业政策。国家计划委员会在全社会经济范围内进行综合，并且从中长期角度制定产业政策。

需要说明的是，由于中国政府制定产业技术政策的官员，往往在有关产业工作了多年，因此与日本有关官员相比，他们对于技术发展了解得可能要更清楚一些。但是这又带来了一个问题，即这些官员往往对先进技术有着职业上的偏好，而相对忽视经济上的可能性。例如，中国汽车工业的政府管理部门，对汽车工业发展就有过分强调技术上“高起点”的倾向，而对适用于中国市场条件的所谓“农用车”则认为其技术水平低，不属于汽车产品，在相当长时间内一直采取无视的态度。

总的来说，中国政府制定一般的产业技术政策，由于是单项的产业政策，一般来说是在行政机构内运作完成的。

（二）日本产业技术政策的制定与形成

一般来说，日本产业技术政策的形成，要经过下面的流程，具体见图 2。

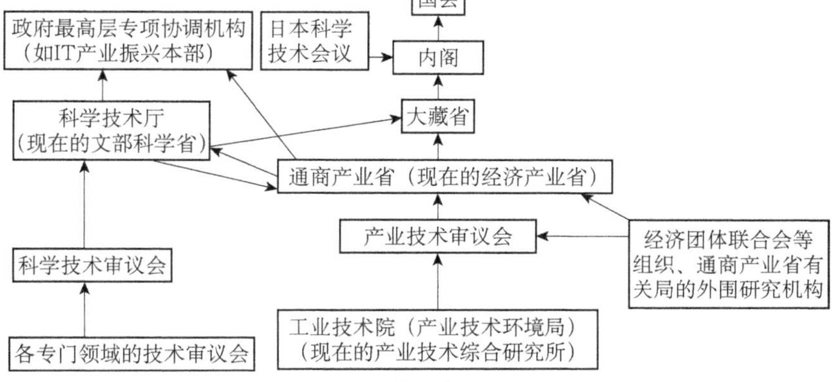

图 2　日本产业技术政策的制定过程

在日本未进行行政体制改革前，制定产业技术政策时由通商产业省官员提出大致想法，由工业技术院的研究人员从专业技术角度提出建议。因此，工业技术院的研究官员对产业技术制定有重大影响。行政改革后，产业技术环境局与原来的工业技术院分开，产业技术环境局成为真正的行政机构，工业技术院则变成独立的行政法人，但仍然从专业角度，对经济产业省的产业技术政策进行协助，提出工业技术院对技术发展战略方向的判断。可以说，日本产业技术政策的制定受到技术官僚的重要影响。

通商产业省的有关产业局也有自己的研究机构，如机械情报产业局所属的机械振兴协会就办有经济研究所和技术研究所。这些研究机构也对产业技术政策进行研究，并提出建议。经济团体联合会等团体也对产业技术政策进行研究，并向政府提出建议。例如，在政府研究把 IT 产业的发展作为振兴日本经济的支柱前，经济团体联合会产业本部于 2001 年 1 月 22 日就“IT 国家战略”的一系列重要问题，对企业进行了调查，并提出了有关建议。

日本科学技术会议从学术角度对科学技术的发展提出战略性意见，其具体构成是：议长 1 人（总理大臣），议员 10 人（包括大藏大臣、文部大臣、经济企化厅长官、科学技术厅长官等）。日本科学技术会议作为直属总理的科学技术咨询机构，具有科学技术上的权威性，因而不可避免地对产业技术政策的方向产生某些影响。

产业技术审议会是通商产业大臣对工业、科学技术有关重要事项进行咨询的机构（表 5）。产业技术审议会对产业技术发展战略以及战略实施情况，产业技术力的强化措施，有关产业技术法律的制定，具体的产业技术政策，产业技术战略、政策如何与科学技术厅提出的科学技术基本计划融合等问题进行研讨，是一个综合性的审议会。在产业技术审议会中有有关的民间人士参加，包括大学教授、产业界的有关企业负责人等。由于这样听取意见还是范围有限，因此经济产业省正在考虑把目前的评价方法改为同行研究者进行评价。

表 5 产业技术审议会组织

产业技术审议总会	综合部会
	国际研究协力部会
	产业科学技术开发部会
	能源环境技术开发部会
	地域开发部会
	评价部会

资料来源：根据通商产业省的有关资料整理

值得特别指出的是，在制定日本高技术产业发展的产业技术政策方面，科学技术厅具有决定性的作用。例如日本从事宇航开发、原子能开发的机构和研究所是由科学技术厅管理的。与中国不同的是，科学技术厅实际上统一控制着日本政府（包括政府各省）研究的经费。科学技术厅掌握的科学技术开发的资源，要远远高于通商产业省。

（三）中国与日本产业技术政策制定过程的异同之处

两国产业技术政策制定与实施的相同之处在于：

其一，两国产业技术政策的制定与实施，都对技术专家有极大的依赖性。

其二，两国产业技术政策的制定，都是一个多主体参加的过程。在制定过程中，两国的政府官员都要考虑技术专家、企业家、协会、研究机构的意见。

其三，两国产业技术政策的制定是由技术官员主导的，这是技术方面专业性太强所致。

其四，两国的产业技术政策制定实际上都分为两部分。高技术产业技术政策制定方面，本国负责科学技术发展的机构起着重要作用，并且由本国最高层直接指导；本国负责经济发展的部门则负责其他产业的技术政策。两国政府在高技术、大型项目的研究开发方面都呈现较强的计划性。

其五，两国都针对一些重要的产业技术发展，设立了若干由最高领导人负责的非常设机构。

之所以两国政府在产业技术政策上介入如此之深，是因为两国在这方面与西方国家和地区（主要是美国、欧盟）相比，存在一定的差距。更主要的是，当代某些高技术产业投入越来越高，风险越来越大，其经济规模已发展到日本学者所说的“地球规模”。这些产业还在相当大程度上依靠政府定货生存，并且往往与国家安全有密切关系，是国家综合国力的体现。因此不能不由政府来重点予以支持。

两国产业技术政策制定与实施的不同之处在于：

其一，由于中国立法的时间成本太高，因此中国产业技术政策制定与实施，在大部分领域是一个基本在行政系统内解决的问题。日本的产业技术则经常采取法律的形式，因此与国会的协调不可避免。正因为如此，日本的产业技术审议会，除了追求技术上的合理选择之外，更重要的是取得意见的一致，使公共政策更具有合法性。

其二，中国的科学技术委员会没有日本的科学技术厅那么大的影响力。

其三，日本的大藏省虽然不直接介入产业技术政策的制定，但是通商产业省、科学技术厅的预算要由其批准、审核，因此日本政府中财政官员对日本产业技术政策的作用远比中国要大。

其四，中国企业和其他民间团体对技术政策的影响力，与日本的民间企业和其他团体相比要小得多。即便是国有大企业可以对产业技术政策发表意见，与日本相比，中国的产业技术政策也更加具有行政主导的色彩。

其五，日本的民间企业可以直接与国会、政府最高层对话，并主动采取行动。例如，在日本通商产业省认识到燃料电池问题的重要性并准备采取行动之前，丰田、本田等企业已开始行动了。中国企业则相对缺乏这种活动能力和活动空间。

四、中国与日本产业技术政策战略目标的比较

中国与日本在产业技术政策战略目标方面，具有以下几个基本相似之处：

其一，两国力图通过产业技术政策促使本国在世界最尖端的某些高技术产业的竞争中占有一席之地。例如，在发展宇航、原子能、航空等产业中，两国都通过政府的介入，在实施产业技术政策时进行了巨大的资源投入和帮助。日本科学技术会议参考了政府国防会议的形式，使科技开发成为国家行为。两国都力图通过政府的力量，通过发展这些产业达到增加综合国力的目的。其中政治的考虑是重要的，甚至是决定性的。中曾根康弘在谈到科学技术振兴费的设立时认为，第二次世界大战的结果（包括原子弹的轰炸）对日本政府的决策起了决定性作用。

其二，两国都希望通过产业技术政策推行，调整产业结构，不断推进本国产业的升级。日本一直把通过发展高产业、高技术产品，作为本国产业升级的必然措施。在日本经过两次石油危机后，通过发展节约能源、材料的产业促进产业结构调整成为日本的国家战略。中国进入20世纪90年代后，面临着90%以上的产品供大于求、环境污染日益严重等严重问题。因此，通过技术进步，发展高技术产业，来促使产业升级已成为中国经济发展的重要途径。在这种情况下，通过产业技术政策调整产业结构已成为战略性的考虑。

其三，两国政府都在不同经济发展阶段，制定了不同的科学技术计划和大型的研究开发项目。通过这些项目，政府直接地介入了对重要产业的技术发展。政府试图通过这些项目中关键技术的突破，来带动其他产业的技术进步。

其四，两国都重视基础科学技术领域的研究，重视技术创新。在中国"十五"计划期间，提出了"显著提高技术领域的创新能力，加强原始性创新"的目标。日本也一直强调发展有独创性的科学技术。为了在基础研究领域进行发展，日本政府1998年对科学技术的经费总额已达到16.1万亿日元，居美国、欧盟之后，但按照在国内总产值中所占比例已达到3.25%，超过了美国与欧盟。

其五，追求技术发展与生态环境的和谐，对生态环境保护的重视，已成为两国产业技术政策中的重要组成部分。日本在进入20世纪70年代后，中国在进入20世纪90年代后，都把对环境的保护作为产业技术政策的重要目标。

中国与日本在产业技术政策战略目标方面，具有以下几个不同点：

其一，中国的产业技术政策中，高技术产业的发展和高技术的开发虽然占有重要地位，但是中国政府对其他产业仍然予以高度重视。国家计划委员会在制定产业技术政策时，强调的是发挥比较优势，选择有限目标，突出重点，侧重推广应用，选择农业、基础工业、支柱产业作为重点。同时发挥中国在宇航、航空、原子能产业的优势。这是因为中国是一个处于工业化中期阶段的国家，产业层次很多，劳动力密集产业、资本密集产业和技术密集产业并存，因此中国的产业技术政策不能不关注传统产业的发

展。由于日本已进入后工业化阶段，一般加工工业已经陆续向外转移，留在日本的高附加值加工工业的水平已经相当高，在世界上具有很强的竞争力。随着产业的不断升级，日本政府寄托希望的产业几乎都是高技术产业，因此在日本政府的产业技术政策中突出地关注高技术产业。日本政府倾全力于高技术发展，也可以理解为随着其他产业的成熟，日本政府逐步放弃了对有关产业的技术政策干预。日本政府的产业技术政策越来越集中于与国家未来经济发展至关重要的方面。

其二，进入20世纪90年代以后，中国政府在产业技术政策中虽然也把一些与生活福利、环境保护等公共政策领域的项目作为产业技术的重要组成部分，但这些领域还没有上升到可以与高技术以及其他一些产业相比的程度。在日本政府的产业技术政策中，则把防灾、劳动安全、人口老龄化、公害预防、生态环境保护作为战略重点，如在日本政府《日本2000年产业技术政策重点》中，就列有医疗福利机器技术研究开发、高龄者对应机器的技术开发等。这既是出于日本国情的考虑，也是发达国家在实现工业化后的必然选择。

其三，日本在产业技术政策的目标中，明确地把美国作为赶超的目标。例如，在生物技术的开发方面，20世纪90年代末通商产业省就制定了10年内赶上美国的目标。而中国则在“十五”计划中提出，大幅度提高产业总体技术水平和国际竞争力，使我国农业、工业和服务业主要领域的技术水平，特别是制造技术和装备达到发达国家20世纪90年代中期的水平，部分进入世界先进行列；2005年高技术产业增加值占工业增加值的比重超过20%；基础研究水平进入世界前5至10名。应当说，中国的有限目标是符合国情的。

其四，与日本相比，中国产业技术政策中具体战略目标的选择仍然是比较多的。几乎每个产业，政府都进行了研究，并具体列出了应该发展的产业技术发展方向和重大技术产业化目录。日本通商产业省和科学技术厅虽然也在战略和计划中列出了重大技术项目，但是与中国的产业技术相比，就要笼统得多。这既显示了两国工业发展阶段的不同，也显示了两国政府在经济管理方式上的不同。中国政府对产业技术发展仍然从过去以部门分工的角度进行研究、制定，因而管理得比较细、比较多，而且是按照各个产业部门来予以管理的，带有某些计划经济的痕迹。而日本政府则只是对关系日本经济社会发展的重点产业中的重点技术、基础性技术进行支持。

五、结　语

通过上述对中日两国政府产业技术政策的比较，可以看到产业技术政策由于是处于经济与技术结合部位的政策，制定产业技术政策不仅要考虑经济发展的需要，还要考虑科学技术发展的客观规律。在产业技术政策中，科学技术发展客观规律对制定政策者的“强制作用”表现得非常明显。这也是中日产业技术政策产生许多相似之处的重要原因。通过上面的比较，有几个问题值得中国政府在今后制定产业技术政策时予以注意：

一是随着中国经济与科学技术的发展，政府应当逐步减少对一般产业的技术方面的具体干预，除对某些投入大、开发风险高、产品公共性比较强的产业进行比较具体的政策支持外，一般不应直接干预产业内企业的技术进步和产品开发。能够通过市场来解决的，尽量通过市场。

二是中国科技开发机构的改革，要建立与其特点、功能以及政府赋予的任务相适应的制度。应该尊重不同科研开发领域的规律性，不同科研开发机构的功能和特点，通过制定不同的制度，建立官-产-学之间的紧密联系。

三是随着中国产业结构的不断升级，高技术产业所占比重越来越高，基础研究对中国产业技术发展越来越重要。逐步扩大产业技术政策中财政手段的应用，增加政府在产业技术开发方面的财政投入，是必然趋势。

四是政府要集中力量于“技术基盘”的研究与开发。所谓“技术基盘”指的是，产业的技术计量标准，产业的基础性、通用技术与产品，大型的、共用的研究、试验室和设备的维护与运行（如进行核物理和基本粒子研究的大型加速器），新技术、先导性技术的应用理论研究与开发，公共领域的技术开发，产业技术信息的提供，研究方向和战略的调查，为中小企业提供共同研究开发的组织与技术试验平台，官-产-学共同研究的组织制度，等等。

五是中国政府在制定产业技术政策时，要更加注重公共领域的技术政策。例如，从生态环境保护的角度制定有关技术政策，在制定宇航产业技术政策时考虑到更广泛领域的需要，等等。总之要逐步改变过于强调产业技术发展而忽视社会影响的产业技术政策制定方式。

主要参考文献

冯昭奎：《日本高技术发展问题》，北京：学苑出版社，1989。

冯昭奎：《高技术与日本的国家战略》，《中国社会科学》1991年第5期。

国家发展计划委员会编：《中国产业技术发展报告（1998）》，北京：中国计划出版社，1998。

沈志华：《中苏同盟的经济背景：1948—1953》，香港：香港亚太研究所，2000。

史清琪、赵经彻主编：《中国产业发展报告（1999）》，北京：中国致公出版社，1999。

赵英主编：《中国产业政策实证分析》，北京：社会科学文献出版社，2000。

中国社会科学院日本研究所《日本经济的活力》课题组编著：《日本经济的活力》，北京：航空工业出版社，1988。

〔美〕总统科学技术政策办公室编：《改变 21 世纪的科学与技术——致国会的报告》，高亮华、王伟泉、沐阳芷，等译，北京：科学技术文献出版社，1999。

〔日〕工业技术院：《产业技术振兴政策便览》，通商政策广报社，1994。

〔日〕吉海正宪：《日本的产业技术政策——国际竞争力和技术革新的研究》，东洋经济新报社，1985。

〔日〕森谷正规：《技术开发的昭和史》，东洋经济新报社，1986。

〔日〕石原慎太郎、盛田昭夫：《日本可以说“不”——新日美关系的对策》，军事科学院外国军事研究部译，北京：军事科学出版社，1990。

〔日〕室山义正：《近代日本的军事与财政》，东京大学出版会，1984。

〔日〕小野五郎：《实践性产业政策论——从日本的经验中总结教训》，（财团法人）日本通商产业调查会，1992。

中国第一台喷漆机器人研制始末

丁守一

摘　要：1969 年，世界第一台喷漆机器人诞生于挪威的 Trallfa 公司，它是继美国发明世界首台工业机器人后又一重大发明。在技术上，它发明了至今仍被广泛采用的关节式机器人操作机，以及其特有的手把手连续轨迹（CP）/点位（PTP）示教-连续轨迹（CP）/点位（PTP）再现的编程-控制方式。[①]在应用上，它首次使工业机器人能够执行需要连续轨迹的加工操作，如喷漆和弧焊等，使工人得以摆脱在炙热、肮脏、有噪声或有害环境下的作业。中国第一台喷漆机器人诞生于 1985 年，该项目荣获了国家科技进步奖三等奖和国家机械工业委员会科技进步奖一等奖。本文回顾了该机器人研发始末，介绍了当年研发工业机器人所面临的困难与艰辛，以及如何克服这些困难取得成功的经验和教训。

关键词：工业机器人；喷漆机器人；研究与开发；经验与教训

丁守一，江苏南通人，高工。曾参与中国第一台喷漆机器人研制全过程，荣获国家科技进步奖三等奖和国家机械委科技进步奖一等奖；撰写设计说明书《机器人用铝合金板焊接结构的变截面水平手臂的设计计算和制造》《间隙密封摆动油缸及手腕机构的设计计算和制造》，主笔国家“七五”重点科技（攻关）项目第 75 项《机器人开发研究》总体方案及分项报告等

一、前　　言

20 世纪 50 年代，在美国制造业中出现了两项原始创新性的重大发明：其一，1952 年，数控机床（numerically controlled machine tool），现在被称为计算机数控机床（computer numerically controlled machine tool，CNC）[②]；其二，1959 年，工业机器人（industrial robot，IR）[③]。二者的出现对当代的机器制造业产生了深远的影响。

IR 是一种新型的自动化设备，它的最大特点是采用了示教-再现（teaching-playback）的编程-控制方式；其实，它与 CNC 同类。CNC 用来实现加工过程中的金属切削与成型加工的柔性自动化，IR 则用来实现辅助操作（如上下料

---

① CP：Continuous Path（连续轨迹）；PTP：Point To Point（点位，点到点）。

② 毕承恩、丁乃建，等编著：《现代数控机床》，北京：机械工业出版社，1991，第 24 页。

③ Engelberger J F. “Historical Perspective and Role in Automation.” *In* Nof S Y. ed. *Handbook of Industrial Robotics*，*Second Edition*. New York：John Wiley & Sons，Inc，1999.

和物料搬运等）和其余工艺加工（如点焊、喷漆、弧焊和装配等）的柔性自动化，二者相辅相成，共同构成柔性制造系统（flexible manufacturing system，FMS），实现全加工链的柔性自动化。

IR 可分为伺服驱动与非伺服驱动两大类，前者是目前 IR 的主流驱动类型，也是本文所要讨论的对象。

1985 年，中国第一台喷漆机器人 PJ-1 研制成功（图 1），通过部级鉴定，经工厂实际应用后投入小批量生产，应用于中国第一汽车集团有限公司（简称一汽）、东风汽车集团有限公司（简称二汽）等多家企业，是中国第一台走出实验室的 IR。1987 年，该项目荣获国家科技进步奖三等奖、国家机械工业委员会科技进步奖一等奖。

图 1　中国第一台喷漆机器人（PJ-1 机器人，1985）

PJ-1 是一台 5 轴、关节型机构、电液伺服驱动、手把手连续轨迹（CP）/点位（PTP）示教-连续轨迹（CP）/点位（PTP）再现、微机控制的机器人。该机器人是由第一机械工业部（简称一机部）所属机械科学研究院旗下的北京机械工业自动化研究所（简称自动化所）七室研制成功的。该室是中国第一家专门从事 IR 研发的专业研究室，始建于 20 世纪 70 年代初。令人称奇的是，这个项目并非上级计划下达的，而是群众自发开展的，竟然是最早的“民营”研发项目。笔者有幸参与了 PJ-1 机器人研发的全过程，现介绍该研发过程与大家分享。

二、研制背景（20 世纪 60—70 年代）

（一）国外 IR 的情况

1. 20 世纪 60 年代

1959 年，美国 Unimation 公司研制成功世界首台 Unimate 搬运机器人（图 2）。该机器人是一台 3—5

轴的极坐标操作机，配备电液伺服驱动系统，采用操作器点位（PTP）示教-点位（PTP）再现方式，控制器由电子管+晶体管混合逻辑电路加磁鼓存储器构成，1962 年投入使用并开始量产。

1968 年，Unimate 机器人装上焊钳成为点焊机器人，用于轿车车身的点焊作业。

1969 年，挪威 Trallfa 公司研制成功 TR2000 型喷漆机器人（图 3）。该机器人是一台 5 轴的关节型操作机，配备电液伺服驱动系统，采用手把手连续轨迹（CP）/点位（PTP）示教-连续轨迹（CP）/点位（PTP）再现的编程-控制方式，控制器由晶体管逻辑电路加磁带存储器构成。

图 2 世界第一台 IR
（美国 Unimate 搬运机器人，1959）

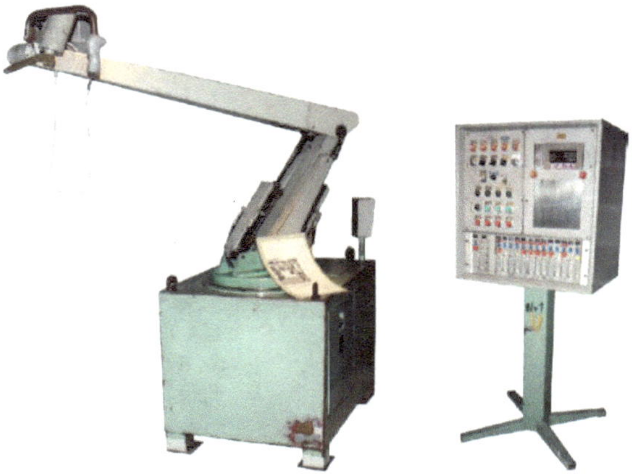

图 3 世界第一台喷漆机器人
（挪威 TR2000 型机器人，1969）

1968 年，日本通过引进美国技术实现了 IR 的国产化生产。①

整个 20 世纪 60 年代，全世界只有 200 台 IR 在工厂使用，主要用于物料搬运，且绝大多数都在美国，欧洲和日本则寥寥无几，可以忽略不计。

2. 20 世纪 70 年代

在这十年中，IR 无论在机器人研发上还是应用上都取得了突飞猛进的发展。

1974 年，瑞典的 ASEA（现在的 ABB）推出了世界第一台全电动 IRb6 弧焊机器人。该机器人是一台 5 轴的关节型操作机，配备直流（DC）伺服电机驱动，采用操作器点位（PTP）示教-连续轨迹（CP）/点位（PTP）再现方式，由微机控制。该机器人的出现开创了 IR 电气化的先河，对 IR 的发展产生了深远的影响。

1978 年，美国 Unimation 公司推出 PUMA 装配机器人。该机器人是一台 5 轴的关节型操作机，配备直流（DC）伺服电机驱动，采用操作器点位（PTP）示教-连续轨迹（CP）/点位（PTP）再现方式，由微机控制。

1979 年，日本推出了 SCARA 装配机器人。该机器人是一台 4 轴的平面关节型操作机，配备直流

① 〔日〕米本完二：《日本工业机器人的现状和未来》，转引自丁守一译，《喷漆机器人译文集》，北京机械工业自动化研究所（内部资料），1980。

（DC）伺服电机驱动，采用操作器点位（PTP）示教-点位（PTP）再现方式，由微机控制。

至此，当时主要应用领域的机器人已全部进入市场（表 1）。

表 1　各类 IR 投放市场情况

项目	搬运（1962 年）	点焊（1968 年）	喷漆（1969 年）	弧焊（1974 年）	装配（1978/1979 年）
美国 Unimate（电液伺服）	★	★			
美国 Versatren（电液伺服）	★				
挪威 Trallfa（电液伺服）			★		
瑞典 ASEA（DC 伺服电机）	★			★	
美国 PUMA（DC 伺服电机）	★				★
日本 SCARA（DC 伺服电机）	★				★

注：笔者根据有关资料整理

1982 年，全球安装使用的伺服驱动的 IR 共计 12 698 台，主要分布在日本（6899 台）、欧洲（3399 台）和美国（2400 台）。[①]

（二）国内 IR 的情况

1960 年以后，一机部技术情报所李永新同志率先将 IR 介绍到国内。他翻译了大量国外有关 IR 的文章并撰写了相关建议报告，一方面提供给一机部领导作为决策的依据；另一方面向科研院所、高等学校和企业等基层单位提供技术发展方向的参考。他努力的直接效果是，促成了一机部领导决策于 1970 年前后在部属北京机电研究所（后更名为北京机械工业自动化研究所）一室建立专门从事 IR 研发的自动化组。此后，他还多次去自动化所七室等单位介绍和讲解 IR 的技术和国外相关情况。

直到 1985 年前，中国没有一台自主研发的伺服驱动的 IR 走出实验室，也没有一台从国外引进的此类 IR 在工厂使用。

（三）各国研发 IR 情况（以伺服驱动机器人为例）

笔者以伺服驱动机器人为例，就美国、欧洲、日本和中国在发展 IR 初期所采取的研发技术路线及其进展情况进行了比较。在技术路线上，美国呈现了从原始创新性研（Unimation 公司的 Unimare 搬运机器人）-继承创新性研发（AMT 公司的 Versatren 搬运机器人）-继承创新性研发（Unimation 公司的 PUMA 装配机器人）的技术路线；欧洲呈现了从继承创新性研发（挪威 Trallfa 公司的 TR2000 喷漆机器人）-继承创新性研发（瑞典 ASEA 公司的 IRb6 弧焊机器人）的技术路线；日本呈现了从引进技术（川崎重工 Unimare 搬运机器人）-仿制性研发（安川电机的 Motoman10 弧焊机器人）-继承创新性研发（挪威 Trallfa 公司的 TR2000 喷漆机器人）-继承创新性研发（山梨大学牧野洋教授的 SCARA 装配机器人）的

① Ayres R U，"Milles S M. Socioeconomic Impacts of Industrial Robotics：An Overview." *In* Nof S Y. ed. *Handbook of Industrial Robotics*. New York：John Wiley & Sons，Inc，1985，p.468.

技术路线；中国则呈现了从仿制性研发（自动化所的 PJ-1 喷漆机器人）开始的技术路线。关于研发进展情况如表 2 所示：美国 1956 年开始进行 IR 的研发，1959 年制成样机，1962 年进入商品量产阶段。欧洲 1964 年开始进行 IR 研发，开始时间比美国晚 8 年；1968 年研制出样机，落后美国 9 年；1969 年进入商品量产阶段，落后美国 7 年。日本开始研发时间比美国晚 12 年，比欧洲晚 4 年；制成样机的时间比美国晚 10 年，比欧洲晚 1 年，商品量产时间比美国晚 8 年，比欧洲晚 1 年。日本研发的具体情况为：1968 年川崎重工从美国引进 Unimate 机器人技术，1969 年制成样机，1970 年进入市场。后神户制钢等分别从挪威等国引进 IR 技术。1974 年日本安川电机开始自主仿制研发，1977 年研制出样机，同年实现量产，形成并发展了自己的全伺服电机驱动机器人产业。

表 2 各国伺服驱动机器人研发 IR 情况

国家	研发开始时间	制成样机时间	商品化时间	备注
美国	1956	1959	1962	
欧洲	1964 （8）	1968 （9）	1969 （7）	
日本	1968（引进） （12/4）	1969 （10/1）	1970 （8/1）	川崎重工引进技术
	1974	1977	1977	安川电机自主研发
中国	1975 （19/11/1）	1978 （19/10/1）		自主研发未能走出实验室
	1981 （25/17/7）	1985 （26/17/8）	1985 （23/16/8）	重新研发

注：括号内数字表示后发国家研发 IR、制成样机或商品化比美国、欧洲或日本晚的年数

中国开始研发 IR 比美国晚 19 年，比欧洲晚 11 年，比日本晚 1 年；制成样机时间比美国晚 19 年，比欧洲晚 10 年，比日本晚 1 年。具体情况是，1975 年中国开始自主进行 IR 研发，1978 年研制成样机，但该样机没有走出实验室实现量产。1981 年中国重新开始进行 IR 研制，1985 年研制成样机，同年量产，最终取得成功。中国自主研发量产型机器人量产时间比美国晚 23 年，比欧洲晚 16 年，比日本晚 8 年。

三、酝酿与准备（1979—1980 年）

（一）自动化所七室的状况

20 世纪 70 年代初，在北京机电研究所一室建立了专门从事 IR 研究的自动化组，1976 年独立为自动化所七室。

1973—1974 年，一室自动化组曾研制过 CJS-1 型可编程非伺服驱动、点位控制的机器人，用于北京汽车制造厂下属底盘厂，但未能可靠运行。1974—1977 年，根据北京齿轮厂齿轮淬火工艺要求，自动化

所研发了 CJS-2 型 5 轴、电液伺服驱动示教-再现搬运机器人，但未能走出实验室。

到了 1978 年，由于前两项机器人研发项目的结果不佳，1978—1982 年国家进入经济调整时期，没有科研经费下拨，许多人无事可做，IR 研发工作处于低迷状态。影响最大的是人们的心理状态：IR 在中国是否适用？我们是否有必要和有能力研发 IR？整个自动化所七室处于迷茫和困惑的状态，是否要继续坚持研发 IR 成为当时全室的头号问题。

在此期间，笔者主要从事两项工作：

（1）在所总工程师雷天觉先生（中国科学院学部委员，曾在美国 P&W 公司实习）的带领下，对已"下马"的 CJS-2 机器人存在的技术问题进行查验，弄清了操作机本体主回转油缸输出扭矩不足的问题，为以后设计喷漆机器人手腕机构奠定了技术基础。

（2）受托调研和编写《电驱动机器人的现状与发展趋势》，开始大量阅读和翻译有关 IR 的技术资料，同时在考虑如何重启机器人课题。

（二）非正式课题组的建立

1980 年初，一机部下达的关于第二汽车厂近几年科研课题计划中，列有研制用于喷涂载重车车厢底板的喷漆机器人的课题，后由于厂方无经费支持未能"上马"。

为了继续开展 IR 的科研工作，笔者与袁洪璋、刁尔方等三人商定共同发起开展研发喷漆机器人的课题工作，并组织相关人员组成非正式课题组。雷天觉总工程师对课题很热心并亲临指导。他指出，可以将机器人用于制造搪瓷脸盆的喷花工艺，利用存储的不同图案可生产多品种的搪瓷脸盆。

（三）研发技术路线的制定

首先遇到的是研发技术路线的问题，这是一个意见不一、争论较大的问题。有的主张用自行车的大梁焊接制成，有的提出采用一个自由度的机器人等。

通过对大量国外有关资料的查找发现，喷漆机器人是挪威一家名为 Trallfa 小厂发明的[①]，日本神户制钢所和美国 DeVilbiss 公司均引进其技术并进行许可证生产销售，其他生产厂商的类似产品都是模仿其研发和生产的。由于我们没有研发 IR 的经验，而且都未见过真实的机器人，于是，笔者提出全盘仿制 Trallfa 3000 型喷漆机器人，用"反求工程（逆向研发）"进行研发工作，获得同意。

（四）筹款

课题组面临的第二个大问题是课题经费问题。课题组曾费尽心思向所、院和部申请经费皆无果而终。后来，又通过课题组成员的亲属关系向当时的杨铿副部长递交了一封求助信，获批 5 万元课题经费，但到了部机关调度局审批执行该批件时当场遭拒，说："中国人口这么多，经济尚未恢复，就业都困难，搞什么机器人？！"

无奈，课题组不得不继续为筹集经费而奔波，同时搜集相关外文资料以消化吸收该机器人的技术，

---

① Ole Molaug. "The Importance of Configuration." *Decade of Robotics*. 1983，pp.22-23.

而且还要寻找实际需求的证据和理由说服上级单位提供经费。

功夫不负有心人。1980 年 12 月，笔者与袁洪璋在调研应用工程过程中，来到北京南城的一个小厂。我们参观其铸造车间时，发现他们正在进行上百万元的环保技术改造，笔者问了车间主任经费来源，车间主任说是从劳动总局要来的。笔者立即拉着袁洪璋骑车顶着凛冽刺骨的寒风，横贯大半个北京城赶往位于城东北和平里的国家劳动总局，找到了劳动保护处。接待我们的是一位三十来岁、大学毕业的处长。我们抱着忐忑不安的心情述说想开发喷漆机器人，可使工人完全离开漆雾环境，从根本上实现劳动保护。他一听很有道理，没等我们解释完就直截了当地说："你们要多少钱吧？"

我们不敢多要，就说："能否给 5 万？"他说："今年的经费已经下拨完毕，我可从机动经费中先划拨 5 万元给你们作为启动研发的经费。"

我们满心欢喜地回去汇报，领导觉得不可思议，劳动总局怎么可能向一机部拨款？！

这里，我们应该特别感谢国家劳动总局劳动保护处的那位年轻的处长，是他的理解、帮助和大力支持才使课题得以立项和进行。

1981 年末，喷漆机器人课题有了较大进展，经费显得不足，课题组再度去劳动总局求援，获增批 10.5 万元，共计得款 15.5 万元，使课题得以稳步进展。

1983 年 8 月，国务院总理发出要抓科技进步的指示。1984 年初，国家计划委员会宋平主任对发展我国 IR 做了专门的批示。不久，国家计划委员会向一机部下拨了研发机器人的专用款项，课题终于有了经费的保障。

四、立项与攻关

1981 年 1 月，国家劳动总局的专项科研经费 5 万元到账，喷漆机器人攻关项目在所、院和部各级正式立项，课题组由此成立。

（一）课题组成员及分工

组长　袁洪璋：整机运动学分析

成员　丁守一：水平臂，手腕机构，回转油缸

　　　刁尔方：液压系统（1982 年调离）

　　　杨爱丽：垂直臂及其平衡弹簧，直线油缸

　　　罗京平：底座，直线油缸，曲柄连杆机构

　　　刘宽信：液压系统，水平臂平衡弹簧

　　　郭　坚：控制系统，示教手把

　　　闫　冰：控制系统（1983 年退出）

　　　聂尔来：控制器软件（1984 年进入）

（二）仿制对象

挪威 Trallfa 公司的 TR3000 型喷漆机器人（图 4）。

操作机：5 轴，关节型机构（手腕机构、水平臂、垂直臂、回转底座、弹簧平衡机构）

驱动系统：电液伺服系统，3 个直线油缸，2 个回转油缸，每个油缸上装有旋转变压器作为各轴运动参数检测与反馈器件，液压油源。

控制系统：微型机，双软盘存储器。

编程-控制方式：手把手连续轨迹（CP）/点位（PTP）示教-连续轨迹（CP）/点位（PTP）再现。

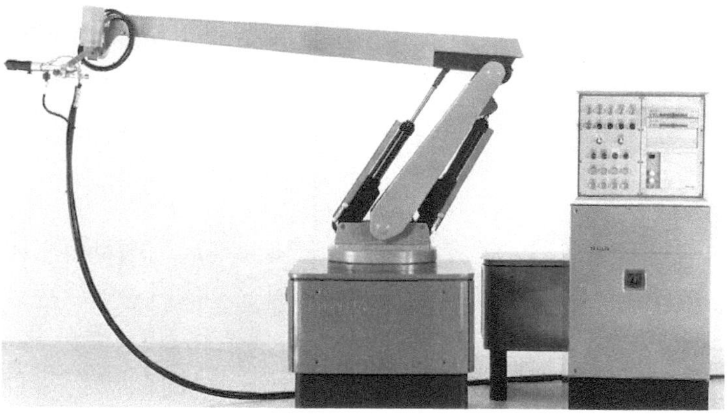

图 4 挪威 TR3000 型喷漆机器人

（三）技术路线

全面仿制，外形尺寸结构均不改动。无法获知的内部结构细节依靠自己的知识和经验设计计算。

（四）攻关

1. 掌握与未掌握的技术（表 3）

表 3 1980 年课题组对喷漆机器技术掌握情况

项目	已掌握	未掌握
整机	操作机、液压油源、控制柜	
操作机	组成、外形尺寸	
水平臂	组成、外形尺寸	壁厚、材料、摆动缸、手腕内部结构、弹簧平衡机构
垂直臂	组成、外形尺寸	壁厚、材料、尺寸、弹簧平衡机构、直线油缸
底座	组成、外形尺寸	曲柄连杆机构、直线油缸
驱动	电液伺服系统	电液伺服阀是否有特殊要求
控制器	微机，软盘存储	CPU 型号，软盘在现场能否可靠使用
编程方式	采用手把手示教	手把手连续轨迹（CP）示教-连续轨迹（CP）再现如何实现

2. 设计计算（以水平臂机构为例）

（1）水平臂壳体（自主设计）

已知其为空心变截面箱式梁及其外形和尺寸，求材料、壁厚及加工工艺。考虑到机器人手臂重量以轻为宜，水平手臂选用铝合金制造。早在 1980 年预研时，课题组就访问过第三机械工业部（简称三机部）所属北京航空材料研究院（621 所），他们建议用防锈铝，其焊接性能佳，不易变形，终选强度高的 6 号防锈铝（LF6）。板厚按抗×G 重力加速度的冲击载荷的断裂强度计算。

（2）回转油缸（自主设计+参考）

回转油缸是由一个圆筒形油缸本体和两端各一个缸盖密封组成。如果缸盖刚度不够，在开动后增加油压时，缸盖中间会鼓起，造成内泄漏，无法工作。手腕的 2 个自由度均由回转油缸驱动。为了减少回转时的摩擦阻力，采用间隙密封。为了保证加压后不致造成缸盖严重变形后产生间隙而失压，将油缸整体设计成其长度与直径之比较大的筒形，而不是与之相反的圆盘形，同时加大缸盖的厚度。为了减轻重量，缸盖采用铝合金。

笔者做了回转油缸的结构设计，间隙量有待与制造厂协商确定。这里要感谢自动化所总工程师雷天觉先生，是他指导笔者检查发现 CJS2 机器人主回转油缸内泄严重的问题为缸盖刚度不够所致。

五、引进与吸收

笔者认为，对外技术交流、引进技术是掌握新技术最为快捷有效的途径，但前提是应建立在自主研发的基础之上。1981 年下半年，国家劳动总局答应再资助 10.5 万元经费，课题组就提出引进样机的要求，获得自动化所的同意。1982 年初全部资金到账后，机械部陶亨咸副部长在听取课题情况汇报后批准了样机引进的申请。

当时，微机控制的 IR 仍被列入巴黎统筹委员会禁运物资清单，日本的神户制钢所和美国的 DeVilbiss 公司均拒绝出售。后课题组获悉挪威未加入巴黎统筹委员会，于是请香港仁华公司联系 Trallfa 公司，Trallfa 公司表示不愿出售，经再三说服同意技术交流。1982 年 12 月 6 日，课题组在北京饭店与挪威 Trallfa 公司销售经理 Kristian Areskjoid 举行了首次交流。他介绍了公司概况、发展简史、世界上第一台喷漆机器人研发经过、产品销售及应用情况等。以后又进行了 4 次洽谈，最终于 1984 年 12 月正式签订购买 Trallfa 机器人的合同。

关于交流的效果，笔者认为收获最大的是对方讲解了研发的一些思路与理念，启发甚大。对方还赠送了大量技术资料，其中一些是只有用户才能得到的各种手册，介绍了不少难得的性能参数、结构简图（图 5）等，对课题组设计帮助很大。例如，在回转油缸设计中他们采用了滚针轴承，以减小摩擦阻力，课题组改用了这一方案，有利于轻动化。此外，课题组明确了机器人使用的伺服阀就是市场出售的常规伺服阀，TR3000 型机器人的用户可从 Dowty、Moog、Abex 等牌号的产品中任选。

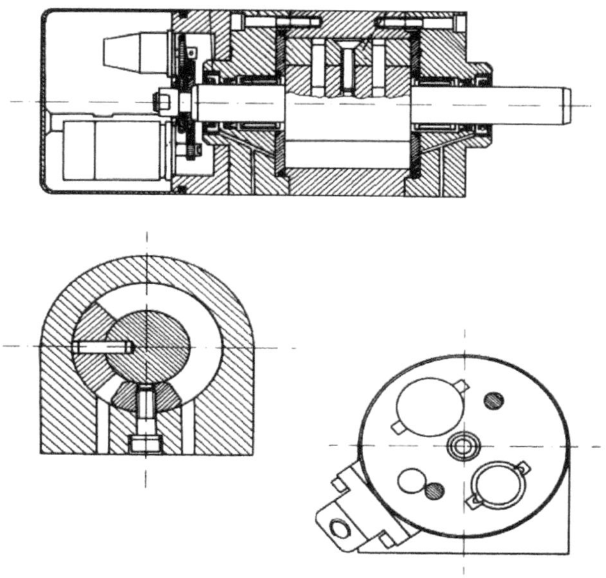

图 5　挪威 TR3000 型机器人的摆动式回转油缸剖视图

为了争取得到 8 万美元的内汇差额和换汇，课题组先后跑了所、院、部、委等各级相关部门花了 8 个月的时间，从请挪威 Trallfa 公司来华做技术交流到签约共用了两年时间。1985 年，Trallfa 样机到货时，课题组的 PJ-1 喷漆机器人已经调试成功，准备进行应用工程的试验。

此外，笔者还帮助其他单位引进了 IR。1984 年 8 月 12 日，第七机械工业部（航天部）811 厂从美国 DeVilbiss 公司引进 TR4500 喷漆机器人 1 台。1984 年 8 月 16 日，北京化工设备厂与联邦德国一家公司签订引进铸铁胎浴缸生产线的合同，笔者为他们对其中一台 TR3000 机器人（用于播撒釉粉）做技术把关。这是我国第一台安装使用的伺服驱动型 IR（1985 年投入使用）。1984 年 10 月 18 日，笔者为潍坊柴油机机厂成功引进联邦德国 AST 公司 AM500 持重 500 千克铸件清理用操作机 1 台。1988 年，笔者为自动化所引进美国 GMFanuc P150 电动喷漆机器人 1 台。

六、成功与量产

（一）制造

1. 水平臂（1984 年 7—10 月）

该水平臂的壳体设计为变截面矩形箱式梁：长 1210 毫米、前端部 90×96 毫米、后端部 170×142 毫米，由 4 片铝合金薄板焊接而成。为了保证一次成功，课题组曾多方了解，终于找到冶金工业部有色冶金研究院的全国劳模、大师级铝合金焊工师傅，请他亲自焊接，一次成功，各项指标均达到满意要求。

2. 回转油缸（1984 年 10—11 月）

课题组找了不少工厂，终于找到了三机部所属北京长城机械厂，它是制造战斗机头部机载雷达用回转油缸的，经验丰富，加工精度高。双方商定了各项参数，特别是密封间隙量及材料等，一次成功。回转油缸间隙密封成功后，课题的直线缸全部改用了间隙密封。

3. 其他部分也陆续完成制造

用铝合金薄板焊接成型箱型梁式手臂，以及间隙密封回转油缸成功应用于 IR 上，这在国内为首创。1985 年 12 月，命名为 PJ-1 型喷漆机器人在实验室调试成功，接着通过部院两级鉴定，随即开始到工厂车间现场进行应用工程的试验。

（二）应用

早在研发阶段，课题组即已开始为 PJ-1 喷漆机器人寻找应用试点现场。首选者为北京二里沟汽车厂的驾驶室的喷漆线。其主要产品为载重 2 吨的北京 130 轻型载重车，平头封闭式驾驶室。喷漆流水线为 U 形悬挂链，距出口端不远处设有烘干室，全线为连续不停歇式工况。因此，存在机器人手臂在喷涂驾驶室内侧时，在一旦发生卡壳等故障造成紧急停机状况下，有造成烘干室内产品自燃的危险。

1985 年下半年，笔者被借调至一机部科技司综合处主笔国家“七五”重点科技（攻关）项目第 75 项《机器人开发研究》总体方案。就在准备将 PJ-1 机器人运往现场做应用试点时，笔者向项目负责人科技司综合处依英奇处长提出上述问题并请转告课题组，建议将应用试点转移至北京吉普车厂。由于吉普车车身是敞开式的，不存在机器人手臂与车身卡壳问题，为应用获得成功奠定了基础。

1986 年 6 月，PJ-1 喷漆机器人安装在北京吉普车厂进行应用试验，连续稳定工作了 9 个月（两班制），喷涂了 1 万辆吉普车身，获用户好评。

（三）获奖与量产

1987 年，PJ-1 喷漆机器人项目荣获国家科技进步奖三等奖、国家机械工业委员会科技进步奖一等奖。

1986 年，北京汽车制造厂购买 4 台 PJ-1 喷漆机器人。1987 年共生产了 10 台，供应北京广播器材厂、第一汽车制造厂和第二汽车制造厂等企业使用，并投入小批量生产。这是中国当时唯一实现商品化生产的 IR。“七五”期间计划生产 30 台。

七、回忆与思考

写史不仅是要通过回忆记述历史事实，更重要的是思考，找出事物的发展规律，预测事物发展的未来，以便指导现实工作。现将研发的经验与教训总结如下。

（一）经验

1. 坚持

20 世纪 70 年代末，自动化所七室在两轮研发机器人失利及无课题经费的状况下，如果按照有人提出的“以副养机”的方针放弃机器人的研发，那么就不会有此项目的存在与成功。在机器人行业发展中，有不少较早从事研发 IR、有较强技术实力的单位，由于种种原因（其中不乏是为了赚钱）放弃了自主研发，结果这些单位从国内机器人界消失。

2. 对 IR 总体的认知与观念

对于研发一项新技术来说，首先要对其总体有正确认知和观念，以便尽快掌握其核心技术。当时有不少工业部所属的研究所和企业在人才的技术水平与素质、研发能力和加工能力等方面远高于自动化所，但是，他们均未能拿出 IR 的主流产品，为什么？笔者认为，他们没能及时地掌握和建立起对 IR 总体的认知和观念。

3. 技术路线

仿制（反求工程/逆向研发）是一项掌握未知技术的有效方法之一。日本掌握 IR 技术就是走的这条技术路线。1968 年，川崎重工引进美国 Unimate 搬运机器人技术进行许可证生产之后，日本多家企业均引进了国外 IR 技术，实现商品化，同时努力研发新产品。1974 年，安川电机公司研发其 Motorman 全电动机器人时，就是全仿瑞典 ASEA（ABB）IRb6 机器人，与我们的技术路线基本一致，但他们起点高，自主研发能力强（笔者曾与安川电机公司研发第一台机器人的课题组组长久良修郭——机械和电气工学双博士——进行过多次技术交流）。

4. 目标的选择

当时选择喷漆机器人为研发目标是十分正确的。

（1）符合当时社会的认知

当时的社会认知是“中国人口这么多，经济尚未恢复，就业都困难，搞什么机器人？！”，这一观念也存在于一些中基层干部中，对课题的研发影响最大。然而，加强环境保护、维护工人健康已成为大家的共识。在不同品种的 IR 中，唯独喷漆机器人最具环保和劳保性，它可独自在喷漆室内工作，使工人彻底脱离漆雾环境，从根本上保护工人的健康。研发目标选择的准确性，可以从国家劳动总局拨付课题经费的事实中得到证实。

（2）技术的可行性高

挪威的 Trallfa 喷漆机器人是以手把手连续轨迹（CP）/点位（PTP）示教-连续轨迹（CP）/点位（PTP）再现这种创新型编程-控制技术引领下对传统技术的集成，比较容易掌握。具体分析如下。

关于操作机，关节型操作机的 3 个主要运动轴均为回转运动副，避开了悬臂机构直线运动副设计制造的难度，这在机构的设计计算和实现上更加简单，容易成功。虽然，水平手臂的变截面箱式梁在材料选择、结构设计计算以及加工上有一定难度并缺乏经验，但是没有超过当时所具备的实际技术能力太多，经过努力可以实现。

关于电液伺服驱动系统，这种系统是传统和成熟的，回转和直线油缸均可自行设计制造，伺服阀国内能解决。

关于编程方式，采用的手把手 CP 示教技术是创新发明，其关键技术为示教的轻动化，要求关节机构重量轻惯量小、平衡好，各运动件的摩擦阻力小（驱动油缸采用间隙密封），这些技术经努力可以掌握。

关于控制系统，目前，广泛使用的示教-再现机器人的控制器可分为两大类，即存储型控制器和运算型控制器。TR3000 型机器人采用的是存储型控制器，该控制器主要由逻辑电路+存储器组成。逻辑电路的硬件可由电子管、晶体管、IC 和 CPU 等中的任何元器件搭建而成；存储器可选用磁鼓、盒式磁带、软盘、硬盘和固态存储器等中的任何一种，都是当时已有技术产品。就当时我们掌握的技术情况看，只要在软硬件上下些功夫，完全可以解决控制器的问题。

（二）教训

1. 未能掌握总体设计技术

IR 是机电一体化非常强的一种自动化产品。研发时，必须对操作机、伺服驱动系统、编程-控制方式和微机控制系统进行机电一体化的运动学和动力学设计计算，为机构、驱动系统设计或选用提供参数，为微机控制系统提供参数依据。

课题组虽然做了机器人运动学动力学设计计算，但是，当时各系统的参数主要来自 Trallfa 机器人，而且各系统设计者有如“瞎子摸象”、各自为政、缺乏协调，相互之间交流也不够。这种设计方式对于 20 世纪 60 年代出现的 IR 来说尚可，但对于以后出现的全电动关节型机器人就完全失效了。

2. PJ-1 机器人的水平

达到了当时国外喷漆机器人的最基本的要求，与国际先进水平还有差距。

八、结 语

1974 年，瑞典 ASEA（ABB）公司推出了采用直流（DC）伺服电机的 IRb6 全电机驱动机器人，开辟了 IR 电动化的新时代。经过 20 世纪 70 年代的市场考验，其逐渐成为 IR 的主流产品，将电液伺服驱动的机器人压缩在喷漆机器人（有本质安全防爆要求）和重载（持重 100 千克以上）搬运/点焊机器人两个领域中。

到了 20 世纪 80 年代初，采用交流（AC）伺服驱动电机的 IR 开始广泛应用，逐渐成主流产品（6 轴、关节型机构、AC 伺服电机驱动、操作器 PTP 示教-CP/PTP 再现、多 CPU 控制器），逐步将电液伺服机器人逐出了市场。

面对这一情况，笔者于1985年在一机部科技司编写“七五”IR攻关规划中，特别安排了采用AC伺服电机的全电动喷漆机器人的研发项目。1988年底，笔者回到自动化所七室，本想在研发电动喷漆机器人方面发挥一番，而且已经做好了充分的技术准备，不料未能实现。笔者为该课题组选择了美国Graco公司的EDX-1（图6）和日美合资GMF公司的P150全电动喷漆机器人作为引进的参考样机。可惜的是，后继者没能拿出攻关成果。

图6　美国Graco公司EDX-1喷漆机器人（1987）

20世纪80年代，任何一家研发和生产IR的单位或企业，如果不能掌握采用关节型伺服电机驱动机器人研发的核心技术，那么它们将会被逐出或无法进入IR主流机型市场。遗憾的是，在“七五”攻关规划中所安排的搬运、喷漆、弧焊、点焊和装配等全电动机器人的研发项目未能如愿以偿。时至今日，不知国内有几家单位掌握了这项核心技术。根据有关的统计数据，国外IR企业中“四大家族”（ABB、安川电机、PANUC、KUKA）的产品在国内高端IR产品的市场占有率为95%，看来我国在当今IR的主流机型的研发上，“革命尚未成功，同志仍需努力”!

创新驱动，制造业立国：中国走向现代化强国的必由之路

——评《强国根基：对当代新兴大国产业转型的再认识》

韩　毅

摘　要：《强国根基：对当代新兴大国产业转型的再认识》一书，在经济史与国际比较的视角下，依据丰富的国内外产业发展实践，对当代新的经济技术条件下产业转型面临的新问题，进行了深刻的理论分析和国际、历史的比较研究，就当代新兴大国产业升级和经济转型的立足点和发展路径，提出了宏观战略与实际操作层面的具体策略和方案。该书的核心观点包括先进制造业是发展中的新兴大国实现可持续发展、产业升级和经济转型的支撑点和立足点；工业创新是当代新兴大国实现产业结构优化和经济可持续发展的根本途径；当代中国产业升级和经济转型的薄弱环节和关键性问题是如何在全局性战略意识的引导下在产业发展的不同层面上做出正确的路径选择，以及如何实现工业创新驱动下的传统产业转型和大企业（包括国有企业）的健康发展。

关键词：新兴大国；产业升级；经济转型；发展路径与战略选择

韩毅，辽宁大学经济学院教授，博士生导师，现任中国世界近现代史研究会副会长，辽宁省历史学会理事长，曾任中国经济史学会副会长、外国经济史专业委员会主任。主要研究方向为中外比较经济史、制度经济学、世界史

《强国根基：对当代新兴大国产业转型的再认识》[①]一书，是李毅研究员领衔的研究团队以其国家社会科学基金项目成果为基础，经过补充、完善而创作的一本专著。该书着眼于新兴大国产业升级和经济转型这一重大课题，在经济史与国际比较的视角下，依据丰富的国内外产业发展实践，对当代新的经济技术条件下产业转型面临的新问题，进行了深刻的理论分析和国际、历史的比较研究，就当代新兴大国产业升级和经济转型的立足点和发展路径，提出了宏观战略与实际操作层面的具体策略和

① 在以下行文中将该书简称为《根基》一书。

方案，为中国从制造大国走向制造强国和现代化强国，指出了一条必由之路。应该说，这是一部近年来国内少见的、对当代新兴大国产业发展理论，特别是对当今中国产业升级和经济转型的发展路径和战略选择，做出积极思考和可贵探索的学术力作。

一、当代新兴大国产业发展方向的历史抉择：传统制造业的历史地位及其面临的挑战

一国经济的发展实际上就是其经济结构和产业结构不断调整、升级的过程。近代以来世界主要国家普遍经历的工业化进程，是人类历史进步最重要的动力源，它推动着人类社会从农业社会过渡到工业社会，并进一步向后工业社会或信息社会过渡。从长时段的历史发展看，工业化的历史使命主要有二：一是推动现代工业逐渐取代传统农业成为国民经济主导部门，并带动国民经济全面发展，实现从农业社会向工业社会的过渡；二是推动现代工业向成熟化、高级化发展，催生信息业、服务业的发展壮大，并逐步取代工业成为国民经济的主导产业，促使人类社会向后工业社会或信息社会过渡。如果说，工业化的第一个历史（使命）阶段表现为工业化在一国内的不断纵深发展和在全球范围内不断扩张的“来”的过程，那么，工业化的第二个历史（使命）阶段则是一个逐渐被信息服务业取代的“去”的过程。由此可见，工业化的兴起、发展、衰落以至被取代，都是历史发展的必然趋势。

在工业化的进程中，制造业始终居于核心和关键的地位。制造业的生产规模（或产值）与就业数量在国民经济中所占比重的变化，一直被视为工业化最具显示度的特征和衡量工业化发展水平的最关键指标。①如果说，工业化的兴起、发展是以制造业生产和就业在国民生产中的总比重持续上升为标志，那么，“去工业化”则是以制造业生产和就业在国民生产中的总比重不断下降为鲜明特征。因此，与工业化的历史地位和作用完全一样，制造业地位的上升与下降甚至被取代，也是历史发展的必然趋势。

上述的结论，似乎已经为发达国家经济发展的历史实践所证明。从 20 世纪 60 年代开始，美国、欧洲各国和日本等发达工业国在经历了工业化的高度化、成熟化发展后，先后出现了“去工业化”现象。其基本特征就是制造业产值和就业人数在国民生产总值和劳动力总数中所占的比重持续下降，而信息、服务业的占比则不断上升。发达工业国普遍出现的这种现象和发展趋势，证实了工业化和制造业的历史阶段性，以及其“来”与“去”的发展规律。一时间，不仅发达国家继续主动推进“去工业化”进程，一些正在工业化进程中的发展中国家，也把“去工业化”作为自己实现赶超的政策目标加以推行。

然而，进入 21 世纪后，对工业化和制造业历史地位及发展规律的已有认知，却受到了现实的严重挑战。2008 年，由次贷危机引发的金融风暴席卷了美国、欧盟各国和日本等国的金融市场，并进一步冲击了这些国家的实体经济，使本已走向衰落的制造业受到了沉重打击，致使社会失业率居高不下。为了振

① 见《新帕尔格雷夫经济学大辞典》“制造业与去工业化”词条。

兴美国工业，缓和就业危机，2009 年美国总统执行办公室发布《重振美国制造业框架》，提出了“再工业化”战略。其目标是：第一，重振实体经济，推动美国经济结构和产业结构的合理化；第二，通过技术、商业模式、管理的创新以及互联网优势，发展先进制造业，实现制造业的智能化；第三，提高传统制造业的劳动效率，增强国内企业竞争力，增加就业机会；第四，保持美国制造业价值链上的高端位置和全球控制者地位。其后，美国又陆续出台了一系列纲领性文件及发展制造业的各种措施。显然，2008 年经济危机后，以美国为首的西方发达国家的产业发展方向已经“改弦更张”，其核心是重振实体经济，再造先进制造业，由“去工业化”转为“再工业化”战略。

在如此复杂多变的形势下，以中国为代表的当代新兴大国的强国之路走到了新的历史十字路口。其产业升级和经济转型的方向是否应该重新设定？由工业大国走向工业强国的产业发展立足点究竟应该放到哪里？是制造业还是信息服务业？当代新兴大国的发展面临着历史的抉择，中国的发展面临着历史的抉择。而这一抉择，归根结底，还是一个从理论上如何认识或重新评价制造业历史地位的问题。

实际上，早在 20 世纪 80 年代，美国的理论界和政策咨询部门就开始了对工业化和制造业在新时期的历史地位与作用的重新思考。[①]2008 年金融危机后，“再工业化”战略上升为美国的基本国策。西方发达国家产业发展战略的重大转变，国际经济、政治形势的剧烈变化，特别是与美国“再工业化”战略紧密联系的中美贸易战的大规模开展，促使中国的学界和政策制定者更为积极地关注这一历史性课题。然而，直至今日的国内相关研究至少在三个方面还存在着重要的缺欠：第一，相对于丰富的产业实践，对当代新的经济技术条件下正在发生变化的产业形态及其产业间的联系，尚缺少深刻的理论分析和必要的规律性认识；第二，面对工业化过程中关乎新兴国家前途与命运的重要结构转型，尚缺少一个大国视角的系统思考和产业发展路径选择的理论依据；第三，与上述两者相联系，对新兴国家转型中的结构性问题的解决，尚缺乏一种与其国情紧密相连的系统性解决方案。[②]

《根基》一书的推出，就是为了弥补上述缺欠，对这三个方面的问题进行探索性研究，力图给出新形势下当代新兴大国实现产业升级和经济转型，并进一步走向现代化强国的中国方案。

二、当代新兴大国产业发展立足点的重新定位：先进制造业

在新形势下实现产业升级和经济转型，必须首先确定产业发展的立足点。《根基》一书在汲取了已有的相关研究成果的基础上，通过对发达工业国产业升级和经济转型历史实践的借鉴与反思，重新定位了制造业作为产业发展立足点的历史地位和当代意义。

---

① 参见李毅等：《强国根基：对当代新兴大国产业转型的再认识》，北京：中国社会科学出版社，2021，第 99—110 页。

② 李毅等：《强国根基：对当代新兴大国产业转型的再认识》，北京：中国社会科学出版社，2021，第 8 页。

（一）先进制造业的特征与属性

在以往的产业理论中，“制造业”的定义简洁而清晰：它是指机械工业时代通过一定的生产制造过程，将一定的资源转化为可供人们使用和利用的工具设备、工业产品与生活消费品的行业或产业部门。通常我们所说的与工业化相联系的制造业，就是指的这种机械工业时代的制造业。准确地讲，我们应该称其为“传统制造业”。20世纪五六十年代后，随着发达国家陆续进入“后工业社会”和信息时代，先进科学技术的广泛应用和信息化、智能化、数字化的推进，深刻地影响着制造业的方方面面，促使其从机械工业时代的传统制造业形态向信息时代的先进制造业形态过渡。[①]

关于信息时代的先进制造业的特征和属性，《根基》一书指出：“在一个以生产力水平的提高乃至跃升为进步动力的开放性系统中，制造业的产业变革不再仅仅是自身在经济生活中所占比重的变化这样单一的过程，而是一个连带着产业间联系以至产业形态一同发生变化的复杂产业演进历程。”[②]这主要表现在以下三个方面：

第一，传统产业的边界日渐模糊，产业融合的现象日渐明显。一方面，在新的技术传播方式影响下，原本在产业内部生产中前后接续的上下游产业，已经开始作为不同的生产工序日趋融合为全产业链条上的不同生产环节，逐步形成了协调行动的经济共同体；另一方面，在不同产业之间，伴随新技术产业应用步伐的加快，推动着生产边界的扩大和市场对产品服务的广泛需求，使制造业的生产与生产性服务业之间的界限变得模糊起来，出现了日益明显的产业融合的趋势，这将逐步打破原来我们习惯的制造业与服务业的线性划分方式。

第二，传统产业与新兴产业的界限不再泾渭分明，两者之间的互相渗透、相互转化成为普遍的现象。现代高技术的快速产业应用，在深刻地改变着产业面貌的同时，也使传统产业与新兴产业不再像以往那样单纯按照建立的时间序列加以区分。在今天的现实经济生活中，传统产业蜕变为高技术产业的例子已经屡见不鲜，如传统的纺织产业变身为新材料产业，就是一个最为典型的事例，而新兴产业因进取缓慢被市场淘汰也将成为可能。

第三，互联网技术打造的全新平台，正在深刻地改变昔日制造业的生产组织形式。产品设计方案的网络采集，满足客户需求的个性化生产，遍及各地的物联网组织，将会把整个生产过程变成设计者、生产者和消费者共同参与的活动。并且，这一新型生产组织方式，将不再受制于地理位置与空间区域上的距离限制，而成为一条异常高效的活动通道和各种相关角色共演制造业生产大戏的华丽舞台。[③]

---

① 《中国制造2025》中对制造业发展的定位突出体现了以下几个特征：一是创新应用引领，强调掌握关键核心技术，重视培养创新能力，强化数字化、网络化、智能化的应用，努力争取全球价值链地位的攀升；二是综合质量效益的提升，既对增加值率和全员劳动生产率增速有要求，又包括了产品质量提升、质量监管和品牌建设等内容；三是融合发展，其中主要强调了信息化与工业化的深度融合；四是绿色化发展，要降低单位工业增加值能耗、物耗及污染物排放。从这些角度看，先进制造业既包括新技术、新模式应用下的高新技术产业及创新业态，又包括许多遵循新发展理念实现转型升级的传统制造业，上述四个原则性的特征是判断其先进性的主要依据。

② 李毅等：《强国根基：对当代新兴大国产业转型的再认识》，北京：中国社会科学出版社，2021，第450页。

③ 李毅等：《强国根基：对当代新兴大国产业转型的再认识》，北京：中国社会科学出版社，2021，第451页。

由此可见，信息时代的先进制造业“本质上已经是一个融会了时代元素而正在经历着深刻变革的未来型产业”①。而这样一个能够通过产业间联系带动整个产业形态一同发生变化的“未来型产业”，其在一国经济转型和经济发展中的作用也就自然而然地成为人们热切关注的“重中之重”了。

（二）先进制造业发展的当代意义：新兴大国产业发展的支撑点与立足点

全球金融危机以来发达国家对制造业作用的大讨论以及加速推进的“再工业化”政策实践，在很大程度上深化了对制造业成长规律及其对经济发展作用的重新认识。大量研究表明，即便对于已经进入后工业化时代的发达国家来说，制造业向更高端升级的进程还远未结束，其经济的可持续增长仍然离不开制造业的有力支撑。而对于正在工业化进程中的发展中大国来说，更应该强调制造业在其实现经济追赶和可持续发展中所具有的不可替代的重要作用：制造业不仅仅是推动经济规模增加和生产效率改善的引擎，更是实现技术创新和跨越式发展的平台。②

从发达国家产业发展的实践经历看，先进制造业的突出作用也十分明显。

2009 年全球经济危机期间，美国提出“再工业化”战略，开启了新一轮的结构调整，强调以制造业为主向高科技产业发展，推动材料、电子、纤维与纺织、能源等各领域的生产向高端智能化方向发展，确保美国在世界制造业价值链上的高端位置和全球创新经济的领先者地位。美国产业结构的新一轮调整表明：以制造业为中心的发展不是美国某一历史阶段的临时性调整政策和措施，而是贯穿于第二次世界大战后美国经济发展全过程的长期发展战略。

而 20 世纪 90 年代以来日本产业发展的经历，则为我们认识先进制造业的作用提供了一个反面案例。很多学者在分析日本经济长期低迷的原因时指出，在 20 世纪 80 年代末 90 年代初新的技术迅猛发展，世界各国的产业转型发生深刻变化之际，日本却令人难以置信地在这场大变革中迷失了方向。在技术发展方向上，与当代信息技术的核心技术——数字技术发生了最严重的背离；在产品的生产与创新上，与当代市场需求的变化产生了严重的脱节。特别重要的是，日本过多地固守已有的制造技术，固守着过去的硬件制造优势与制造模式，造成制造业乃至实体经济发展陷入一种徘徊不前的状态。所以，日本经济长期低迷的深层次原因，就在对新时代制造业所发生的深刻变革和它所承担的新的历史角色缺少清醒的认识。③

在经过了以上的理论梳理和历史实践的检验，包括对新兴大国经济转型中所面对的产业发展课题的研究，《根基》一书对信息时代先进制造业的历史地位和当代意义做出了相当精辟的概括和总结：“当代制造业从其功能来说，已不再仅仅是一个单纯的产业形态。由于其在产业经济中所处的基础和引领地

---

① 李毅等：《强国根基：对当代新兴大国产业转型的再认识》，北京：中国社会科学出版社，2021，第 452 页。

② 参见李毅等《强国根基：对当代新兴大国产业转型的再认识》（北京：中国社会科学出版社，2021，第 40 页）一书中哈佛大学豪斯曼、罗德里克和中国学者黄群慧等的相关论述。

③ 李毅等：《强国根基：对当代新兴大国产业转型的再认识》，北京：中国社会科学出版社，2021，第 145 页。

位，必然要肩负起产业系统中的创新母体的角色，为产业升级和经济转型提供不竭的动力，在经济生活中发挥至关重要的作用。即按照熊彼特关于创新的定义，成为创新发生的核心环节、培育创新能力的重要场所和保持竞争优势的产业支点。这就是制造业发展的当代意义之所在。”①

需要强调的是，基于新兴大国的产业发展实际，尤其伴随这类国家的崛起，各种形式的外部约束乃至对抗性竞争的与日俱增，毫无疑问，以中国为代表的新兴大国在 2009 年全球经济危机后的转型时期，必须将先进制造业作为可持续发展的支撑点，因为只有依靠制造业的充分发展，新兴大国才能够掌握发展与博弈的主动权，在国家安全与产业可持续发展中向强国目标迈进。因此，制造业是现阶段其他任何产业都无法取代的新兴大国走向强国的产业立足点。这也是作者在该书中所阐释的一个核心观点。

三、当代新兴大国产业发展的根本途径：工业创新

在确定了以先进制造业作为当代新兴大国产业发展的支撑点和立足点之后，“恰当的产业发展路径选择就成为事情成败的关键”。《根基》一书指出：“对于一个发展中的大国而言，要从根本上扭转不发达状况，提升自己的发展能力，努力缩小与发达工业国家的发展差距，唯有真正意义上的创新才有实现的可能性。”②而这种“真正意义上的创新”并不是一般的或其他类型的创新，“需要着重指出的是，这里的创新是指工业创新，即一切与工业经济发展相关联的创新活动，包括技术的、组织的一切与价值创造与利用有关的活动”③。

这里，《根基》一书明确提出了把“工业创新”作为当代新兴大国产业发展根本途径的重要观点，并进一步从理论和国际历史比较两个层面给予了充分的论证。

（一）工业创新的本质内涵与作用

如何理解信息化时代的工业创新，认识这种创新对新兴大国经济赶超和可持续发展的重要性，了解工业创新与产业发展支撑点的制造业之间的相互关系和作用机理，是从理论层面理解工业创新作为新兴大国产业发展根本途径的前提和基础。

从历史的角度看，工业创新与近代工业如同孪生兄弟一样相伴而生，携手成长，其活动深深地嵌入在整个工业发展和工业化的历史进程中。于是，工业创新便具有了与其他领域创新迥然不同的自身特点。这包括：第一，工业创新是以工业经济最重要的组成部分——制造业的发展作为重要的产业依托，因为制造业本身就是“创新发生的核心环节、培育创新能力的重要场所和保持竞争优势的产业支点”。可

---

① 李毅等：《强国根基：对当代新兴大国产业转型的再认识》，北京：中国社会科学出版社，2021，第 451 页。

② 李毅等：《强国根基：对当代新兴大国产业转型的再认识》，北京：中国社会科学出版社，2021，第 391 页。

③ 李毅等：《强国根基：对当代新兴大国产业转型的再认识》，北京：中国社会科学出版社，2021，第 456 页。而实际上，早在前面论述新兴大国产业发展立足点时，《根基》一书把先进制造业视为“创新发生的核心环节、培育创新能力的重要场所和保持竞争优势的产业支点”，既已反映出“工业创新”的重要性以及它与制造业发展之间不可分割的密切联系。

以说，没有制造业的发展，工业创新便没有了生成的物质基础，没有了发挥作用的场所，没有了体现价值的舞台。第二，工业创新本身既包含知识的积累，也包括新发明和新技术在生产实践中的应用。因为工业作为现代社会发展的重要物质基础，它的发展本身就是一个人类知识不断积累并通过新发明和新技术不断应用于生产实践的发展过程。第三，工业创新不是某些单项革新与创造的简单叠加，而是产业链条上的各部分、各环节共同参与的联动性活动。因为工业作为一个开放性的生态系统，是由内部子系统的相互协调加以运作的。单打独斗和单枪匹马式的创新不能构成真正意义上的工业创新，当代的工业创新所体现的是现代大工业的联动性和系统性的特有精神和本质。

伴随着传统工业向现代工业的升级转变，以工业为物质基础和运行载体的工业创新本身也在经历着诸多新的变化。这包括：第一，工业创新在传统产业与高科技产业间相互融合的趋势更加明显。因为，未来的工业创新将可能通过改变传统产业的面貌来弱化乃至抹平产业间的发展差距。日本的传统纺织业向新材料产业的跨界发展，是得出如此判断的重要依据。①第二，工业创新会把产业链上的主要环节均变成价值增值的原点，从而大大地扩展了产业增值的来源。因为，智能制造的发展将传统的微笑曲线形状，在赋予制造环节更多高科技含量的同时，也使其逐步成为重要的价值增值原点。第三，工业创新功能的自我协调性将得到不断强化。创新可能不会止步于一件新产品、一项新技术和新工艺，或一种新组织的创造，而是在其创新过程中借助网络形成一种有助于产业发展的自我协调机制。这种协调包括对技术的、组织的创新选择方式的协调，对创新的分散与集成过程的协调，抑或是对产业链条上功能性分工的协调。而“创新由不均衡到均衡的实现过程，就是一个系统中多部门、多样化行动协调的结果”②。第四，工业创新的基础性、导向性作用将会表现得越来越突出。在新的技术经济条件下，工业不再是一个单纯的生产行业，而将会逐渐演变成一块孕育并输出创新的高地和平台。

“总之，从演化经济学的观点和国际产业实践来看，工业创新并非工业经济时代的历史遗产，而是内在于工业化及其相关工业发展进程的最活跃、最积极的变革性因素。这就是工业创新的本质性内涵。”③

（二）工业创新在后起发达工业国产业发展中的历史作用

为了观察工业创新在后起的发达工业国产业发展中的作用，《根基》一书又以日本近现代经济赶超为例，进行了国际的比较和历史的考察。通过这一考察得出了如下两个基本的结论。

其一，工业创新给落后国家提供了一个根本性的发展转机和难得的历史机遇。

19 世纪中期，面临被征服危险的日本在亚洲率先以工业创新为武器开始了它的社会变革。这场以工业创新为先导的工业革命，带给日本社会的是农耕社会未曾有过的工业新产品，生产这些产品的新工艺，以及由此形成的新的工业生产组织，并最终促成日本从传统的农业社会向近代工业社会的过渡。伴

---

① 参见李毅在《再炼基石——世界制造业变革的历史大势》（北京：经济科学出版社，2005）一书中对日本纺织业变革过程的案例研究。

② 李毅：《日本制造业演进的创新经济学分析：对技术创新与组织创新的一种新认识》，北京：中国社会科学出版社，2011，第 176 页。

③ 李毅等：《强国根基：对当代新兴大国产业转型的再认识》，北京：中国社会科学出版社，2021，第 406 页。

随使用机器的近代化工厂的建立，制造业的年均增长速度提高，工业在国内生产总值中所占的比重逐步上升。工业创新给日本社会带来的另一个方面的变化，是创新观念由传统向近代的转变。工业革命将以往那些以区域间竞争为激励的创新，转变为以民族自立为目的的创新。显然，这种革命性的工业创新给日本提供了改变自身命运的历史机遇，也为日本后来成长为亚洲第一个工业发达国家奠定了重要的基础。

其二，工业创新能激发后起国家产生强大而持久的内生性发展能力。

作为亚洲的一个传统的封建国家和一个资源小国，日本能够先于亚洲其他国家迅速地崛起并成长为世界工业强国，其强劲而持久的发展能力从何而来？回顾其产业和经济发展的历史，可以看到它的这种内生发展能力与工业创新有着深刻的渊源。一方面，日本能顺应世界科技革命的潮流，通过产业技术、产业组织的不断创新形成新的发展能力。19 世纪末 20 世纪初，以电的发现、内燃机的发明为标志兴起的第二次科技革命浪潮以及由此引发的技术革命，使日本深刻地认识到自身在工业创新方面的差距，加快推进包括产业技术和组织方式在内的变革和创新。在产业转型的重要历史节点上，通过产品结构、产业结构以及产业体系的创新和变革，形成建设工业强国的竞争能力。依据已有的科技实力和发展水平，选取那些能够夺取世界科技发展制高点，以及有可能取得重要的应用突破的领域，作为自己的战略目标重点实行研发，采取以强项带弱项的办法提升新世纪制造业的国际竞争力。①

综合上述的理论分析和国际历史经验的比较与借鉴，《根基》一书就当代新兴大国产业发展的根本途径给出了最终的结论："作为内在于工业化及其相关工业发展进程中的最活跃、最积极的变革性因素，工业创新不仅能够帮助发展中国家在工业化中的转型节点上推进结构性问题的解决，而且有可能帮助已经实现了工业化的国家，在后工业化时期完成其可持续发展支点和发展方向的选择。"②

四、当代中国产业升级和经济转型的发展路径和战略选择

所谓产业升级和经济转型的发展路径选择，本意是指在国家战略层面上，能够有效驱动一国或一个经济体的产业发展与变革的一整套综合性制度框架设计。然而，《根基》一书的宗旨，并不是给出一个无所不包的、系统完整的中国产业发展选择的方案，而是侧重对中国产业发展中的薄弱环节和关键性问题做出更为深入的比较研究。这方面的内容主要有两点：一是中国制造业转型升级的基本思路，即在全局性战略意识下中国产业发展在不同层面上的路径选择；二是如何解决当前中国产业发展中最为重要的结构性问题——实现工业创新驱动下的传统产业转型和大企业（包括国有企业）的健康发展。

---

① 参见李毅等：《强国根基：对当代新兴大国产业转型的再认识》，北京：中国社会科学出版社，2021，第 396—402 页。

② 李毅等：《强国根基：对当代新兴大国产业转型的再认识》，北京：中国社会科学出版社，2021，第 456 页。

（一）战略性全局意识下产业发展不同层面的路径选择

一国或一个经济体的产业结构及经济结构是一个十分复杂的体系构成，从宏观到微观可以分成诸多层面。《根基》一书特别强调在进行产业发展不同层面的路径选择时，必须要树立战略性全局意识："总结以往发展过程中的经验和教训，从中国制造业发展的实际出发，我们需要有一个产业转型及升级的全局性意识，以及解决结构性问题的协调性战略，以扫除产业发展路径选择上存在的盲点，实现工业创新驱动下的有序协调发展。"①

以宏观的、战略性全局意识为引领，《根基》一书从一个发展中大国的视角提出了当下中国产业发展路径选择的政策建议。

第一，从战略的高度认识与处理好发展工业与发展服务业的关系。作为后工业社会或信息时代的重要产业，服务业在当前的中国无疑需要大力发展。但是，中国目前工业化所处的发展阶段以及发展中大国走向现代化强国的历史任务，都表明制造业仍然是"中国当前最重要和最具战略地位的经济部门"。这就要求我们必须妥善地处理好两者的关系：一方面，需要厘清当前发展重点和未来发展方向的区别，坚定不移地抓住制造业这个关键因素不放松，不能因为发展服务业而影响制造业的发展；另一方面，我们还要科学理性地认识并利用好两者在发展上的互补关系，改变以往的两者之间非你即我的相互替代关系的传统思路，争取在大力发展优质、高效的新型制造业的同时，实现服务业的健康有序拓展。

第二，在工业的发展上总揽全局，实行传统产业与新兴产业一盘棋战略。事实表明，中国目前的传统产业多是那些处于生产过程前端的基础材料工业，其在新的科技革命条件下的改造与创新任务十分艰巨。显然，采取放弃和不发展的办法对待传统产业，是十分有害而又极不现实的。所以，应该借鉴发达工业国家的经验，使传统产业与新兴产业回归彼此间的有机联系。这要求我们的产业结构调整，在战略层面上要能够协调行动，而不是政出多门、各自为战。且各个部门出台的产业政策，在充分考虑各自产业发展实际的前提下，要能够相互衔接、步调一致，朝着同一阶段性目标共同努力。

第三，与产业升级的全局相联系解决影响产业转型的结构性顽疾。产能过剩是多年来影响中国产业结构升级的一个顽疾，也是人们对经济转型时期是否要重点发展制造业有所顾忌的一个重要因素。应该认识到，现阶段中国的产能过剩，主要还是一种结构性的过剩。因此，要从促进传统产业改造和升级的大局出发，引导企业包括地方政府认清趋势，转变观念；充分发挥市场机制在解决产能过剩问题中的调节作用，帮助企业切实适应市场经济环境下经营方式的转变，实现优胜劣汰、适者生存，利用倒逼机制促进企业和产业实现适应市场需求的变革。

第四，必须适时、准确地选取技术创新与改造的突破口。目前，中国产业整体上的创新水平与发达工业国家仍存在着较大的差距。因此，科学地选择技术创新的突破口，改变传统的广种薄收的创新方

① 李毅等：《强国根基：对当代新兴大国产业转型的再认识》，北京：中国社会科学出版社，2021，第456页。

式，对于切实提高产业的创新能力就显得尤为重要。要点面结合、多重形式提高研发效率，在技术的产业化应用上下功夫。在这方面要注意两个重点环节：其一，高度重视生产现场的渐进式创新，这是产业技术创新的基础和基本功；其二，克服事实上存在的技术还是外国好的思维定式，充分用好本土的技术资源，改变那种即使自己有能力攻关，仍然要花费大笔资金购买外国技术的习惯性做法，尤其注意那些关系到中国产业自立发展的关键性技术。

（二）工业创新驱动下的传统产业转型与大企业的发展

明确中国产业发展路径选择的思路后，选择产业调整与升级的重点和突破口，就成为摆在我们面前的重要任务。《根基》一书认为，这方面最重要的工作还是打通发展中的薄弱环节，使中国的产业转型升级能够在有针对性地解决结构性问题中得以有序的展开。具体包括两项任务：一是使经过改造的传统产业成为中国最有前途的增长领域；二是使大企业包括国有企业成为创新驱动下的强国重器。

1. 工业创新与传统产业升级

新兴大国的经济转型成功与否，有赖于传统产业的改造升级，而传统产业的改造升级又必须依赖于工业创新的驱动。一个完整的工业体系是由内部的子系统协调运作并加以维系的开放性的生态系统。作为这个系统不可分割的组成部分，传统产业与高科技产业同样有着自己的位置，在工业这架大机器整体的运转上扮演着属于自己的角色。相对于高科技产业的新近崛起，传统产业发展的历史较早，面临着改造与升级的任务更重。以作用于工业的成长与进步为主要目的的工业创新，正是完成这一艰巨任务的最重要工具。同时，由于传统产业在整个工业体系中所处的基础地位，在产业运转中对高科技产业所起的支撑作用，以及它距离现代技术产业应用的要求存在较大的距离，而必然成为工业创新的重点。从这一意义上说，一国能否完成其产业升级的历史任务，取决于经济转型过程中它的传统产业改造成功与否。尤其成为决定着新兴大国经济转型与变革能否成功的关键性环节。因为相对于后起的发达工业国家，新兴大国的传统产业在整个经济体系中占有更大的比重，对其转型与变革成功的影响系数（权重）更大。

在通过工业创新实现传统产业转型的路径方面，美国、日本等发达工业国家的一项重要经验是发展与融合并举，即一方面大力推进高科技产业的发展，在发展中把握关键技术；另一方面用掌握的关键技术改造既有的传统产业，实现高科技产业与传统产业的融合发展。基于目前中国产业结构转型所面临的现实问题，我们应当充分利用目前工业发展仍然相对平稳的局面，在致力于发展高科技产业的同时，把更多的精力放在为改造传统产业，尤其是那些产能过剩的企业，努力搭建一个实用化的创新转型平台。[①]改变去产能即为关停并转的做法，把解决产能过剩与改造传统产业有机联系起来，在改造中实现新技术应用，在改造中创新新的功能性产品，在改造中提高整个产业的质量。在实践中把改造传统产业作为高科技产业应用的一项重要内容，使为数众多的传统产业成为今后中国这个新兴大国最有增长前途的产业领域。

---

① 李毅等：《强国根基：对当代新兴大国产业转型的再认识》，北京：中国社会科学出版社，2021，第 429 页。

2. 大企业的重要地位：创新先导与强国重器

在中国从制造大国向制造强国迈进的过程中，大型企业具有不可替代的关键性作用。这主要表现在以下两个方面：

其一，大企业（包括国有企业）的创新与发展，事关中华民族的自立、中国经济自主发展的战略大局。

大企业的创新、发展与国家的经济实力，进而与一国在国际社会上的战略地位相联系。目前，中国正经历着由制造大国向制造强国的深刻历史性转变，面临着以制造业为中心的大国间的政治与经济实力的博弈，在中国全方位地崛起日益遭遇对抗性竞争的形势下，大企业的创新，事关中华民族的自立、中国经济自主发展的战略大局。因为大企业在解决内部的结构性问题、抗衡外部的各种冲击、夯实国家的发展基础方面，相对于其他企业更具基础和实力。事实上，在以往的工业化进程中，中国一些被称作大国重器的先锋企业就早已担负起了民族大任，分别在航空航天、高端装备制造、智能手机和通信技术、重型机械和船舶制造、轨道交通和高铁建设、核工业发展等领域取得了重大的创新进展。这不仅为国家和民族赢得了荣誉，也为中国在国际上的大国地位奠定了坚实的技术物质基础。

其二，大企业是中国推进、实施工业创新的关键性力量。

日本经济赶超的历史告诉我们，没有工业创新就没有后起者的转型与变革，也就没有后起者赶超和持续发展能力的形成。对日本工业创新过程的历史考察显示，正是大企业作为中坚力量支撑并主导了工业创新的过程。因为与中小企业相比，大企业不仅拥有资金、技术和人力资本积累的基础，而且在工业创新中占据重要位置，具有创新的有效途径。大企业作为工业创新网络中各重要产业发展的连接点，可以通过高科技产业的创建与传统产业的改造这两个基本途径，带动整个行业的创新活动。①

那么，大企业应该通过什么样的途径才能在工业创新中担当重任、有所作为呢？《根基》一书指出：第一，由于大企业对产业前沿技术的认知与接近程度，以及它们在创新中承受压力的能力远高于中小企业，所以，要以大企业为先导、为引领，义无反顾地抢占国际战略新兴产业发展的先机，利用已有的人才、资源和市场的有利条件，在激烈的竞争中逐步接近新技术应用的国际前沿。第二，要依靠大企业的示范作用，加速完成工业创新中的传承与改造重任。因为大企业以往具有的技术改造能力与技术革新传统，足可以担当得起传统产业改造的复杂历史性任务。第三，要遵循市场经济的规律，注重工业创新的特点，以各行业的龙头企业为核心建设工业创新的产业平台，充分发挥这些企业对于产业升级与制造业整体实现可持续发展的基础保障作用。第四，依据大企业本身与工业创新网络间的紧密联系，凭借大企业作为创新网络节点的有利位置，充分利用其在工业创新中的协调与融合功能，在与中小工业企业的共同努力和协作创新中，实现新旧动能的对接。可见，重视发挥包括国有企业在内的大企业在工业创新中的作用，应是目前的中国进一步深化改革，在创新中打牢制造业强国基础的现实选择。②

---

① 李毅等：《强国根基：对当代新兴大国产业转型的再认识》，北京：中国社会科学出版社，2021，第 441 页。

② 李毅等：《强国根基：对当代新兴大国产业转型的再认识》，北京：中国社会科学出版社，2021，第 445 页。

除了上述内容外，《根基》一书还特别强调指出，“协调性战略”是中国从制造大国走向制造强国国家战略的重要环节，也是当今经济技术条件下新兴大国现代工业发展所必须处理好的问题。这里的协调性包括三个主要内容：其一，在产业的发展及其转型升级中，处理好传统与现代因素、本土与外来知识的关系；其二，在产业的发展及其转型升级中，处理好政府与市场的关系；其三，在产业的发展及其转型升级中，处理好内部发展与外部投资的关系。[①]毫无疑问，以处理好上述的三种关系为目标的“协调性战略”，构成了中国产业发展路径和战略选择的重要内容。

在当前国际、国内形势复杂多变的情况下，作为发展中国家的中国从制造大国走向制造强国之路可谓任重道远。而有关新兴大国如何通过产业升级和经济转型实现向现代化强国跨越的理论研究和经验总结，更显得尤为重要。可喜的是，李毅研究员多年致力于产业发展和经济转型问题的研究，已经连续推出了五本专著和多篇论文。《根基》一书，是她领衔的学术团队在以前的系列研究成果基础上，经过“精雕细磨”再次推出的一部具有集大成意义的代表性力作。作为作者多年的学界同行和老朋友，我为李毅研究员长期以来坚持不懈地从经济史和国际比较的独特视角进行产业发展和经济转型研究的这种精神所感动，也为她能创作出如此功底扎实、颇具创新性的学术力作而感到由衷的高兴！

① 李毅等：《强国根基：对当代新兴大国产业转型的再认识》，北京：中国社会科学出版社，2021，第458—461页。

征 稿 启 事

一、《产业与科技史研究》（英文名：*Studies on the History of Industry and Technology*）由科学出版社历史分社和中国科学技术史学会科技与经济社会史专业委员会共同创办，科学出版社出版。《产业与科技史研究》暂拟半年期，分别于每年3月和9月出版。首期于2017年3月发行，现特向学界征求优质稿件，本征稿启事长期有效。

二、《产业与科技史研究》是发表产业与科技史研究成果的专业性学术平台。产业与科技史研究主要以中国由传统社会向现代社会转型过程中，各实业部门的发展为研究对象，以探寻中国经济发展特有之历史基因、总结经验教训、揭示历史规律为宗旨，努力尝试结合历史学、经济学等多学科的研究方法，揭示中国产业发展的历史经验和发展脉络，为当下中国产业发展提供有益的参考。《产业与科技史研究》下设理论探讨、学术争鸣、产业发展、区域产业、量化产业、国际比较、产业与科技、案例研究、史料发掘、口述访谈、学术动态等栏目，以期推动中国产业史研究在长时段下不同方法、不同视角、不同观点的深入对话与交流，搭建产学研各抒己见、平等讨论、共同推动中国产业发展的学术交流平台。

三、《产业与科技史研究》收录中文论文，欢迎海内外学者及各界人士赐稿。来稿须为首次发表（已在网络上发表的文章视同已出版），并请遵循国家有关著作权的法律规定，遵守学术规范。每人每期投稿以一篇为限。

四、来稿请以简体中文为准（繁体中文请自行转换字码），并附中英文题名、中英文摘要各300字左右、中英文关键词各5个。稿件篇幅以15 000—20 000字（含注释、参考资料）为宜，特约稿件亦将按此原则酌情处理。

五、来稿请按《产业与科技史研究》撰稿体例撰写，引用文献资料，请选择权威版本并准确校对原文，注明资料来源。与文稿相关的图片一律采用正文附件方式发送原图（300dpi以上的清晰大图，jpg格式），并在正文相关位置标明，图片授权由作者自行负责。

六、《产业与科技史研究》采取双向匿名审稿制。文章选用不拘学历资历，不限学科选题，唯学术水平与学术价值是取。来稿经初审通过后，将送请两名专家学者评审。《产业与科技史研究》对来稿有删改权，如有不愿删改者，请于来稿中注明；编辑部在收到来稿3个月内发出录用通知，未有通知者可自行处理。

七、《产业与科技史研究》不负责来稿内容的著作权问题。来稿请勿发生侵害第三人权利之事，如有抄袭、重制等侵权行为，概由投稿者承担法律责任，与本刊无关。

八、《产业与科技史研究》发表之文字（包括纸本、网络和磁盘等形式），任何人翻印、转载、翻译等均须事先征得本社同意。来稿若仅同意以纸本形式发表，请特别注明，未注明者视同已同意。

九、来稿请注明作者姓名、服务机构、职称（学历）、通讯地址、邮政编码、电子邮箱、电话或传真号码等信息。《产业与科技史研究》依照相关规定支付薄酬，并于出版后赠送当期《产业与科技史研究》两册。

通信地址：北京市东城区东黄城根北街16号 科学出版社历史分社《产业与科技史研究》编辑部

邮政编码：100717

电　话：0086-10-64011837（王　媛）

　　　　0086-10-64005207（李春伶）

电子邮箱：chanyeshi@126. com

征订须知

每期定价：88元人民币

订购电话：0086-10-64034541，64011837

购书款汇入处

账户名：中国科技出版传媒股份有限公司

账号：7112 6101 8260 0024 615

开户行：中信银行北京中粮广场支行

STUDIES ON THE HISTORY OF INDUSTRY AND TECHNOLOGY

No.9, 2021

Abstracts

The Beginning, Effectiveness and Dilemmas of Early Agricultural Electrification in China: An Example of Exemplary Irrigation by Electric Power in the Wuchin-wusih District

Chen Yue, Sun Lie

Abstract: During the 1920s and '30s, China attempted to develop agricultural electrification by using electric power for irrigation 'ahead of its time' against the backdrop of industry overall fallen behind the times. This attempt acquired some success but run into more significant problems. This paper takes the earliest introduction of irrigation by electric power in the Wuchin-wusih exemplary Irrigation District of Jiangsu Province as a case study to review the beginning and preliminary development of agricultural electrification in China, analyze the different roles of power plants and the government in promoting irrigation by electric power, and explore the impacts of various factors such as early electric power technology, operation and management, and rural construction etc., on agricultural electrification.

Keywords: irrigation by electric power; Tseng Hua Electric Manufacturing; Tsishuyen Power Plant; Wuchin-wusih District; Construction committee; agricultural electrification

Title: Out of the Depression: The Dilemma and Rebirth of Hefeng Cotton Mill (1923–1937)

Chu Zhilin, Yan Peng

Abstract: Hefeng Cotton Mill is the largest textile enterprises in Ningbo in modern times and has distinctive local features since its foundation. As a local enterprise, Hefeng was in the worst possible management situation due to its special geological location, raw cotton constraint and conflicts among workers under the general background of depression in textile industry. Finally, it broke down due to the chain reaction of economic crisis after its wrong transformation targeting aimlessly only at profits. Faced with the great depression in 1930s, Yu Zuochen, one of the shareholders took up actively the general manager and motivated the fellow countrymen in Ningbo and Shanghai, achieving the capital support for Hefeng from Kenye Bank, a fellow financial institution. Then he reduced the conflicts among workers successfully, gradually promoting the transformation and upgrading of products, finally reviving the prosperity of Hefeng by seizing the initiative. The management process of Hefeng serves as another perspective for the industrial survival under the general background of economic crisis, and it also displays the importance of relief and support from fellow merchants for local enterprises in order to get rid of economic crisis.

Keywords: Hefeng Cotton Mill; local enterprise; depression; economic crisis

High-tech Transfer in the Early Stage of Reform and Opening up: A Case Study of the Introduction of Ionization Chambers in China from the Federal Republic of Germany

Su Xi

Abstract: In the early 1970s, scientists from the Institute of Modern Physics, Chinese Academy of Sciences and the GSI in Federal Republic of Germany began to communicate, which led to the establishment of a cooperative channel between both the institutes. In the early days of reform and opening up, China and the Federal Republic of Germany formally signed an inter-governmental agreement on scientific and technological cooperation, and included "heavy ion physics" in the framework of the agreement. In the early 1980s, with a grant of nearly DM 100, 000 from the German Humboldt Foundation, the Institute of Modern Physics successfully introduced a Large Position Sensitive Ionization Chamber from the GSI. In the process of transplanting the equipment from the Federal Republic of Germany to China, the technology associated with it was transferred to the country carried by the scientists, and was digested and absorbed in the development of the equipment. After the ionization chamber was transplanted to China, it was built as the experimental terminal of the Heavy Ion Cyclotron in Lanzhou, and led to the establishment and development of the corresponding electronic computer system in the laboratory. Relying on this international advanced scientific instrument, Chinese scientists have made innovative achievements in nuclear physics experiments and research.The case study of the introduction of ionization chamber was helpful to solve the practical problems in the research and development of core technologies.

Keywords: technology transfer; large position sensitive ionization chamber; the Institute of Modern Physics, Chinese Academy of Sciences; GSI; Humboldt Foundation

Notes on Discipline Development in the History of Science and Technology

Zhang Baichun

Abstract: Since the 1950s, Chinese historians have already achieved very much in their research on the history of science and technology. However, they face new challenges and difficulty at present. As a discipline, the history of science and technology is a complement to other branches of historical science. Chinese scientists contributed significantly to the founding and development of the historiography of science and technology. Historians not only promote interdisciplinary studies, but also differentiate the history of S&T from other disciplines and enhance the study in the history of S&T. In general, a young scholar will study and work more than ten years before he becomes a skilled historian. Many talents, who are respectful to work, are urgently needed for the professional research on the history of S&T. It is quite necessary for Chinese historians of S&T to devote themselves in high-quality study from international perspective.

Keywords: history of science and technology; discipline development; talent-nurturing; international perspective

CPC's Understanding and Practice of Industrial Spatial Layout (1949–2021)

Xiao Xiang

Abstract: As one of the major later-developing countries, People's Republic of China was confronted with the uncoordinated development of regions' industry since the new country's foundation, which was also under the consideration of the Communist Party of China (CPC) during the process of promoting industrialization. Communist Party of China has continuously deepened its understanding and practice of industrial spatial layo ut based on domestic and international conditions during the 70-plus years of industrialization. The process of industrial space layout can be roughly divided into three historical stages: balanced development of industrial regions, "two overall situations" and coordinated development of industrial regions in the new era.Based on the historical experience above, in order to realize the coordinated development of industrial areas in the benign interaction of domestic and foreign double cycles, the following suggestions are provided: take advantages of the Communist Party of China in the overall leadership and its strong capacity of resource mobilization, the government and the market should be played the role together and to mobilize the "enthusiasm" of the central and local governments.

Keywords: the Communist Party of China; industrial spatial layout; understanding and practice

Comparison of Industrial Policies Between China and Japan (1945–2000)

Ni Yueju, Zhao Ying

Abstract: The industrial technology policies of China and Japan have experienced different development processes. Different historical development processes, different industrialization processes and different economic systems have had a tremendous impact on the industrial technology policies of the two countries. Based on a brief review of the history of industrial technology policy after 1945, this paper makes a comparative analysis of the formulation process and strategic objectives of industrial technology policy between China and Japan. On this basis, it raises several issues that the Chinese government should pay attention to when formulating industrial technology policies in the future.

Keywords: Sino-Japanese; industrial technology; policy comparison

Research and Development of PJ-1 China's First Painting Robot

Ding Shouyi

Abstract: In1969, the first spray painting robots in the word were born in Trallfa company, in Norway, and it was the another great invention after the birth of the first industrial robot (IR) (Unimate) word wide, in USA. Technically, it invented the articulated manipulator, which has been applied in IR widely up to now, and unique programming-controlling method, called lead through CP (Continuous Path) /PTP (Point to Point) Teaching-CP/PTP Playback. In applications, this robot can be used in processing operations which need conti-nuous path movement, for example spray painting and welding, etc, for the first time, and the workers can avoid operating in the hot、dirty、noise or hazardous environments. The first spray painting robot in China was born in 1985, which had won the 3th class National S&T Progress Prize and First class S&T Progress Prize award by National Machine Building Committee. This paper reviews the whole story of the R&D of this robot, and describes the difficulties and hardships suffered during developing this industrial robot, and the experiences and lessons to have success after surmounting these difficulties.

Keywords: industrial robot; spray painting robot; research & development; experiences and lessons

Book Review: *Foundation of A Powerful Nation: Rethinking of the Industrial Transformation of Contemporary Emerging Powers*

Han Yi

Abstract: From the perspective of economic history and international comparison, and based on rich industrial development practices at home and abroad, the book *Foundation of A Powerful Nation: Rethinking of*

the Industrial Transformation of Contemporary Emerging Powers has conducted a profound theoretical analysis and international and historical comparative research on the new problems faced by industrial transformation under the contemporary new economic and technological conditions. Based on the standpoint and development path of industrial upgrading and economic transformation of contemporary emerging powers, this book puts forward concrete policies and schemes at the level of macro strategy and practical operation. The core viewpoints of this book include: (1) Advanced manufacturing industry is the support and foothold for developing emerging countries to achieve sustainable development, industrial upgrading and economic transformation; (2) Industrial innovation is the fundamental way for contemporary emerging powers to realize industrial structure optimization and sustainable economic development; (3) The weak links and key issues of industrial upgrading and economic transformation in contemporary China are: how to make correct path choices at different levels of industrial development under the guidance of overall strategic awareness, and how to realize the transformation of traditional industries and the healthy development of large enterprises (state-owned enterprises) driven by industrial innovation.

Keywords: emerging powers; industrial upgrading; economic transformation; development path and strategic choice